하나님을 품은 사람

예언자

하나님을 품은 사람 예언자

지은이 이동규
펴낸이 김명식
펴낸곳 (주)넥서스

초판 1쇄 발행 2016년 1월 5일
초판 2쇄 발행 2016년 1월 10일

출판신고 1992년 4월 3일 제311-2002-2호
04044 서울시 마포구 양화로 8길 24(서교동)
Tel (02)330-5500 Fax (02)330-5555

ISBN 979-11-5752-594-2 03230

가격은 뒤표지에 있습니다.
잘못 만들어진 책은 구입처에서 바꾸어드립니다.

www.nexusbook.com
넥서스CROSS는 (주)넥서스의 기독 브랜드입니다.

Prophets

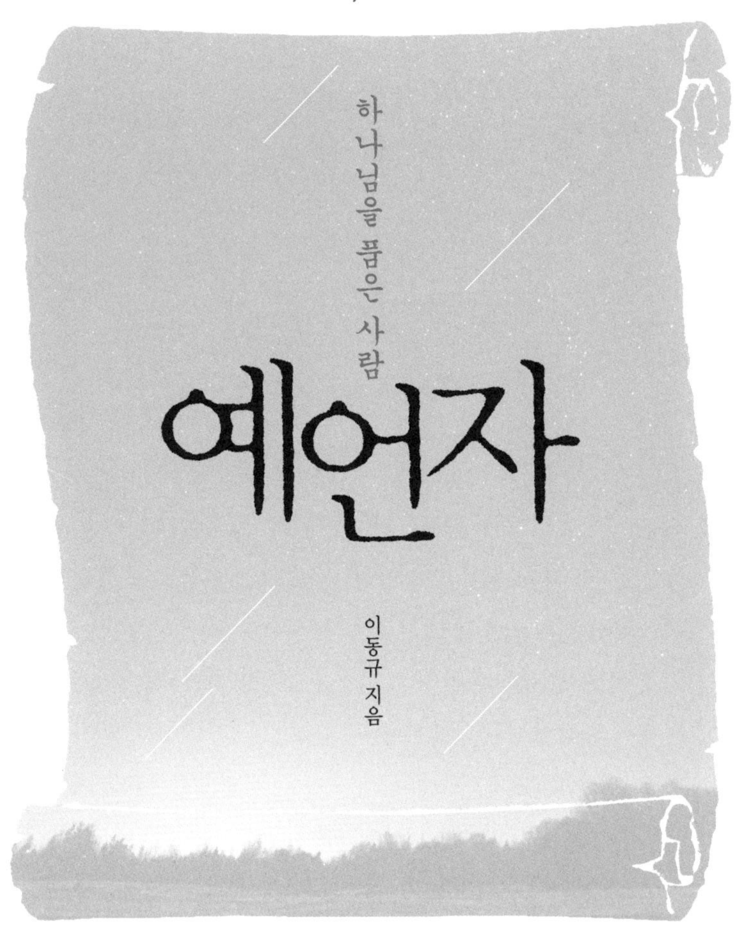

하나님을 품은 사람

예언자

이동규 지음

넥서스CROSS

예언자를 통해 듣는 하나님의 음성

구약의 예언자는 하나님과 이스라엘 백성 사이에서 하나님의 말씀을 백성에게 전하는 사람이었습니다. 우리는 예언자의 활동과 메시지를 통해 하나님께서 백성을 향해 갖고 있는 뜻을 알 수 있고, 그것을 오늘날 우리의 삶에도 적용할 수 있습니다. 그래서 예언자의 메시지를 이해하는 것은 우리의 신앙생활에 매우 중요합니다.

구약학자이자 목회자인 이동규 목사가 구약 예언서를 어렵지 않게, 그러면서도 깊이 있게 풀어 책을 낸 것에 대해 기쁘게 생각합니다.

이 책《예언자》는 하나님의 음성을 담대히 전했던 예언자의 세계로 여러분을 안내해 줄 것입니다. 하나님의 말씀을 더욱 깊이 이해하고 깨닫기 원하는 모든 이에게 이 책을 추천합니다. 이 책을 읽는 모든 이가 오늘날에도 우리에게 말씀하시는 하나님의 음성을 섬세하게 들을 수 있기를 간절히 소망합니다.

여의도순복음교회 이영훈 담임 목사

하나님의 긴급 조치

구약학자 폰 라트는 예언자 아모스에 대해 '하나님의 긴급 조치'라고 말한 바 있습니다. 정규 교육을 받은 제사장과 예언자의 타락이 심해지자, 하나님은 드고아의 목자였던 아모스에게 환상을 통해 하나님의 말씀을 부어 주셨습니다.

어쩌면 우리가 살고 있는 이 시대도 아모스가 활약한 북이스라엘 여로보암 2세 때처럼 '하나님의 긴급 조치'가 필요한지도 모릅니다. 그리고 오늘 한국사회와 한국교회에 필요한 하나님의 긴급 조치가 예언자의 메시지입니다.

우리는 예언자의 메시지를 글로 읽지만, 당시 사람들은 예언자의 삶을 통해서 이 메시지를 보고 들었습니다. 우리가 평면으로 예언자를 읽는다면 그때 사람들은 입체로 예언자를 경험했습니다. 예언자는 말이 아니라 삶으로 예언한 자이기 때문입니다.

이동규 목사는 말이 아니라 삶의 궤적으로 예언자의 메시지가 무엇인지 보여 주는 사람입니다. 성경에 나온 예언자의 메시지를 풀어서 설명해 주니 얼마나 감미롭고 읽기 쉬운지요. 좋은 글은 읽기 쉬운 글입니다. 읽기 쉬운 글을 쓰기 위해서는 저자가 많이 알고 있어야 합니다. 이동규 목사가 쓴《예언자》는 이에 딱 맞는 책입니다.

개신교 목회자는 예언자의 역할과 제사장의 역할을 동시에 수행하는 자입니다. 이 목사의 책을 읽으며 "나는 과연 예언자의 역할을 제대로 하고 있는가?" 스스로 질문하게 되었습니다. 이 땅에 왕으로, 예언자로, 제사장으로 오신 예수님을 따라가는 그리스도인이라면 이 책을 통해 예언자의 신앙과 삶에 대해서 고민하는 기회를 갖기 바랍니다.

거룩한빛광성교회 **정성진 목사**

생수 같은 말씀이 담긴 보배

양식이 없어 주림이 아니며 물이 없어 갈함이 아니요
여호와의 말씀을 듣지 못한 기갈이라_아모스 8:11

예언자 아모스는 제대로 된 하나님의 말씀을 들을 수 없는 시대를 내다본 적이 있다. 아마도 오늘의 한국교회를 두고 한 말이 아닌가 싶다. 매체의 발달로 설교 말씀은 여기저기서 끊임없이 쏟아져 나오고 있다. 그러나 홍수 속에 기갈이라 하듯이 갈증을 해소할 만한 신선한 생수는 찾아보기 어렵다. 생수는 아니더라고 믿고 마실 수 있는 건강한 식수조차 귀한 시대에 살고 있다. 드디어 권장할 만한 신선한 식수가 등장했다!

사막에서 오아시스를 만난 듯 오랜만에 생수 같은 말씀이 담긴 보배가 나타났다. 이동규 박사의《예언자》라는 책이 바로 그것이다. 이 책은 구약 예언자의 목소리를 현장에서 중계하듯이 생생하게 되살린 진술이다. 전문 구약학자이면서 동시에 현장 목회자인 저자의 진면목이 유감 없이 드러난 첫 작품이기도 하다.

저자는 예언서 본문을 깊이 있게 파헤쳐 거기서 추출한 메시지를 교회 현장의 언어로 쉽게 풀이하고 있다. 전문성과 대중성을 골고루 갖춘, 즉 날카로운 말씀이 부드러운 옷을 입은 결과물이 탄생한 것이다. 마치 구약의 예언자가 한국교회에 다시 등장하여 우리에게 말하는 것 같은 착각에 빠져든다.

'하나님을 품은 사람'의 목소리를 경청하고, 이 시대 하나님을 품은 사람이 되기를 원하는 독자에게 주저 없이 추천하고 싶다. 예언자의 말씀에 귀 기울이는 기회가 되기를 간절히 바란다.

한세대 구약학 교수 **차준희 목사**

어려운 길을 택하라!

삶은 선택의 연속이라는 말이 있습니다. 길지 않은 세월이지만 살아온 날을 돌아보면 참 맞는 말입니다. 그런데 저는 그 앞부분에 하나를 더하고 싶습니다. 삶은 '고민스런' 선택의 연속입니다.

제 인생에서 큰 결정은 IMF 시절 도미하여 유학할 때였습니다. 당시에 입학 허가를 받은 학교들 중에 두 학교로 압축했는데, 학교에서 온 조건이 달랐습니다. 한 학교는 제가 함께 공부하기 원하는 교수님이 계시고 등록금의 상당 부분을 지원하겠다고 했습니다. 다른 학교는 제가 원하는 교수님은 안 계시지만 그곳에서 공부하는 데 들어가는 경비를 대부분 지원해 주겠다고 했습니다. 경제적인 형편이 어려웠지만 긴 고민 끝에 저는 첫 번째 학교를 선택했습니다. 그리고 참 어렵게 학위를 마쳤습니다. 그런데 살다 보니 이 선택이 끝이 아니었습니다. 그 이후 지금까지 '고민스런' 선택은 항상 제 곁을 따라다녔습니다.

하나님의 뜻을 따라 사는 목사에게 선택의 순간 멈칫한다는 것은 어떻게 보면 부끄러운 일입니다. 그냥 하늘의 소리를 듣고 살아가고 싶습니다. 하지만 많은 경우에 그렇지 못합니다. 몇 번의 중요한 결정을 내리면서 저는 하나의 원칙을 만들었습니다.

'보다 어려운' 길을 선택하라!

돌이켜 보면 그랬습니다. 갈림길에서 항상 하나님의 뜻을 먼저 묻습니다. 분명한 응답이 있을 때도 있지만 그렇지 않은 경우도 많습니다. 그때마다 저는 더 어려운 길을 선택했습니다. 많은 선택의 갈림길이 있을 때, 남들이 권하는 길이 아니라 말리는 길을 선택했습니다. 바로 그 길을 갈 때 하나님의 도우심과 섭리를 경험했기 때문입니다.

쉬운 길을 택하면 수월하게 지나갈 수는 있을 것입니다. 하지만 거기에서 이루는 것은 아마도 내가 할 수 있을 만한 일이고 꼭 하나님의 도우심이 없어도 될 만한 일일 것입니다. 그런데 남들이 마다하는 길, 힘이 부치는 길로 가다 보면 내가 가지고 있는 힘으로는 충분하지 않습니다. 내 한계를 절감하며 더 노력하게 되고 또 하나님의 도우심을 간절히 구하게 됩니다. 고백하는 것은, 그때마다 하나님은 결코 나를 내버려 두지 않으셨다는 것입니다. 정말로 힘든 순간에도 그분은 내가 뒤처지거나 쓰러지지 않도록 붙잡아 주셨습니다. 열심히 노력하면 좋은 결과를 얻게 하셨고 남보다 한 발자국 앞서 나갈 수 있도록 도와주셨습니다. 날마다 간절히 기도하는 것을 외면하지 않으셨습니다.

제게 이런 삶의 모습을 보여 준 사람이 바로 성경의 '예언자'입니다.

한국교회는 이들을 선지자라고 부르기도 합니다. 선지자는 '미리 아는 사람'입니다. 앞날을 미리 알면 고민이 없어집니다. 그리고 자기가 아는 길로 걸어갈 수 있습니다.

이들의 다른 이름은 예언자입니다. 예언자는 '앞서 말하는 사람'입니다. 본래 구약 성경에서 선지자나 예언자를 일컫는 단어로서 가장 많이 쓰이는 '나비'라는 단어는 '말하다'와 관련된 것이니 사실 우리 입에 익은 선지자보다 예언자가 이들을 말하는 데 더 적합할 것입니다. 하지만 아는 데서 멈추지 않고, 앞서 말하는 사람은 어려움을 겪게 됩니다. 특별히 그들이 앞서 말한 내용이 사람들에게 불편한 내용이라서 더 그렇습니다.

예언자는 본래 괜찮은 직업을 가지고 있던 사람이었습니다. 편하게 살 수 있는 사람이었습니다. 그런데 예언자로 부르심을 받아 어렵고 불편한 길로 갔습니다. 제가 신학을 공부하면서부터 특별한 관심을 가졌던 부분이 예언서였기에, 쉬운 길을 두고 어려운 길로 걸어간 이들의 모습이 저도 모르게 제 속에 각인된 것이 아닌가 싶습니다.

오늘날 우리는 쉽게만 살려 합니다. 모든 것을 편하게 하는 데에 익숙해져 있습니다. 여기에는 우리의 신앙도 예외는 아닙니다. 그저 쉽고 편한 길로만 가려고 합니다. 아마도 세상으로부터 지탄받는 신앙인의 모습이 여기에서 출발하지 않았을까요? 그래서 예언자를 다시 생각했습니다. 이 책의 부제인 '하나님을 품은 사람,' 줄여서 하품인(人)은 그렇게 탄생했습니다.

예언자에 대해 깊이 묵상하는 중에 이들이 보여 준 삶의 원동력은 하나님을 품고 있는 것임을 알게 되었습니다. 우리의 회복도 예언자와 같이 하나님을 품는 것임을 말씀해 주셨습니다. 그리고 이 시대를 살아가는 우리의 고민을 나누고 싶은 마음에서 이 책이 쓰였습니다.

부족한 원고가 세상에 나오기까지 애써 주신 청주순복음교회의 식구들과 신앙의 길에서 변함없이 든든한 푯대가 되어 주시는 권문집 원로 목사님, 신학에 대한 사랑과 열정으로 항상 제자의 부족함을 일깨우시는 차준희 교수님께 깊은 감사를 표합니다.

그리고 사랑하는 아들이 어려운 길을 갈 때마다 묵묵히 기도하시며 응원하시는 아버지 이병덕 안수 집사님과 어머니 이정복 권사님, 모든 어려운 길에 변함없이 함께 있어 준 아내 장미경 사모와 세 자녀 진우, 진서, 진이에게도 헤아릴 수 없는 빚진 자의 심정으로 사랑과 감사의 마음을 전합니다.

청주의 옛 남문터 옆 교회 서재에서

이동규 목사

| 목차 |

3부 심판

4부 회복

5부 새 출발

Prophets

1부

부르심

01

부르심

하나님을 품은 사람, 그 시작

인간은 앞날에 대한 호기심을 가지고 있습니다. 앞으로 어떤 일이 생길까 궁금해하고 그것을 알고 싶은 것은 자연스러운 마음입니다. 하나님께선 우리에게 시간이라는 것을 주셨습니다. 이 시간은 과거와 현재와 미래로 생각할 수 있습니다. 과거와 현재와 미래는 우리에게 서로 다른 의미로 다가옵니다.

과거의 시간은 멈추어 서서 우리에게 교훈을 줍니다. 과거는 마치 사진과 같이 그 자리에 그대로 있습니다. 왜냐하면 과거의 시간은 이미 지나간 것이라 바꿀 수 없기 때문입니다. 그래서 좋은 기억이면 좋았던 대로, 힘든 기억은 힘들었던 대로 우리에게 교훈을 줍니다. 기쁘고 즐거웠던 시간은 그것을 떠올리는 것 자체로 마음이 흐

뭇하고 기쁩니다. 반면에 괴롭고 힘든 시간은 그와 비슷한 문제를 또 만났을 때 좀 더 쉽게 풀 수 있도록 경험이 되기도 하고 동시에 그 시간을 잘 이겨 냈다는 뿌듯함을 주기도 합니다. 그래서 과거의 시간은 사진과 같이 멈추어 서서 우리에게 교훈을 줍니다.

반면에 현재는 멈추어 선 과거와 달리 빠르게 움직여 우리에게 살아 있음을 느끼게 해줍니다. 현재는 달려가는 시간과 같습니다. 아무리 잡으려고 애써도 결코 잡히지 않습니다. 활시위를 벗어난 화살과 같이 우리 앞을 빠르게 지나갑니다. 현재 우리가 겪는 모든 사건, 만나는 사람, 그리고 그들과 나누는 모든 대화가 바로 우리가 살아 있다는 증거입니다.

마지막으로 미래는 저 멀리에서 우리를 위해 소망을 준비하는 시간입니다. 미래는 손을 뻗으면 잡힐 듯이 가까이 있는 것 같지만 다른 한편으로는 결코 오지 않을 것처럼 멀게 느껴지기도 합니다. 우리는 오늘이 지나면 내일이 온다는 것을 알고 있습니다. 하지만 내일은 오늘을 사는 우리가 느끼기에는 너무나 먼 시간입니다. 왜냐하면 내일 어떻게 될지 아무도 모르기 때문입니다.

이처럼 저 멀리 있어 결코 다가올 것 같지 않는 미래는 우리에게 어떤 의미가 있을까요? 미래에는 우리를 위한 소망이 담겨 있습니다. 하나님께서는 우리에게 지금보다 더 나은 것을 주시기 위해 미래를 허락하셨습니다.

단적으로 생각하면, 하나님의 백성은 지금 당장이라도 죽으면 천국에 갈 수 있습니다. 즉 미래라는 시간을 거치지 않고도 현재 하나님께서 약속하신 천국에 이를 수 있다는 것입니다. 그런데 하나님께서 그와 같은 일을 허락하시지 않고 우리로 하여금 미래의 시간을 기다리게 하셨습니다. 그 이유는 바로 우리에게 소망을 주기 위함입니다. 그래서 미래는 저 멀리에서 우리에게 소망을 준비하고 있습니다. 결국 과거는 멈추어서 우리에게 교훈을 주고, 현재는 달려가면서 살아 있음을 느끼게 해주고, 미래는 저 멀리서 우리를 위한 소망을 준비하는 시간입니다.

○

미래의 시간

성경을 보면 미래에 대해 집중적으로 이야기하는 말씀이 있습니다. 바로 예언서라고 불리는 말씀입니다. 사실 성경이 말하고 있는 미래의 시간은 엄밀히 말하면 오늘을 사는 우리에겐 이미 지나간 과거에 불과합니다. 당시 예언자들은 동시대를 살아가는 사람에게 미래의 일을 선포했지만, 오늘을 사는 우리에게 그 시간은 이미 멈추어 선 사진처럼 지나간 시간이기 때문입니다.

그럼에도 불구하고 오늘을 살아가는 우리는 예언서를 보면, 당시 미래를 향해 선포된 말씀과 이미 이루어진 과거를 동시에 보게 됩니다. 그리고 그것을 통해서 많은 것을 알 수 있습니다. 왜냐하면 예언서에는 단순히 과거 어느 한 순간에 앞날을 내다보고 기록한 책 그 이상의 의미가 담겨 있기 때문입니다.

구약 성경에 등장하는 예언자는 하나님의 부르심을 받기 전에 아주 다양한 삶을 살고 있었습니다. 예레미야와 에스겔은 제사장이었습니다. 이사야는 스스로 관료였다고 말하지는 않지만, 그가 예루살렘에 있던 엘리트였음을 알 수 있는 근거가 여러 곳에서 발견됩니다. 이사야는 국제 정세에 정통했으며 특히 왕실에서 일어나는 일에 대해 상당히 많은 정보를 가지고 있었습니다. 이사야의 메시지는 이러한 고급 정보를 바탕으로 선포되었습니다. 이 때문에 많은 학자들은 이사야가 예루살렘의 엘리트 집단인 고위 관료나 귀족 가문의 사람일 것이라 짐작합니다.

이뿐이 아닙니다. 아모스는 스스로를 양치는 목자라고 소개합니다. 호세아는 음탕한 여인인 고멜을 아내로 맞아들였습니다. 이처럼 구약의 예언자들은 제사장부터 시작해서 목자에 이르기까지 다양한 출신 성분을 가지고 있었습니다.

그런데 한 가지 공통적인 것은 바로 하나님의 부르심을 받았다는 것입니다. 예언자는 모두 하나님의 부르심을 받고 예언자로서 살기 시작했습니다. 하나님의 부르심과 동시에 그들의 다양한 삶의 환경은 모두 사라지고 오직 부름받은 예언자의 모습만 남게 된 것입니다. 학자들은 이러한 하나님의 부르심을 기록해 놓은 부분을 '소명기사'라고 말합니다.

내가 너를 모태에 짓기 전에 너를 알았고 네가 배에서 나오기 전에 너를 성별하였고 너를 여러 나라의 예언자로 세웠노라 하시기로
_예레미야 1:5

만약 지금 이 순간에 하나님께서 여러분 앞에 나타나 "너를 예언자로 세웠노라"고 말씀하신다면 어떻게 하시겠습니까? 몇몇 분은 기쁨과 감사로 "할렐루야"를 외칠 수 있겠지만, 상당히 많은 분들은 만감이 교차할 것입니다. 그리고 그중에 가장 크게 다가오는 감정은 당황스러움일 것입니다. 한 번도 생각해 본 적이 없는데 갑자기 이런 하나님의 말씀을 듣게 되면 "나는 아무런 준비도 되어 있지 않습니다"라고 호소하게 될 것입니다.

훗날 위대한 하나님의 사람이라고 칭송받은 예언자도 우리와 별반 다르지 않았습니다. 그들에게도 하나님의 부르심은 너무나 갑작스럽고 당혹스러운 것이었습니다. 그래서 여러 가지 핑계를 대면서 하나님의 부르심을 거절했습니다. 말씀을 보면 예레미야 역시 하나님께서 "네가 내 일을 좀 해야겠다. 내가 너를 예언자로 세웠다"라고 말씀하시자 다음과 같이 대답합니다.

내가 이르되 슬프도소이다 주 여호와여 보소서 나는 아이라 말할 줄을 알지 못하나이다_예레미야 1:6

예레미야는 하나님의 부르심을 받고 자신은 아이라 말할 줄을 모른다고 대답했습니다. 하나님의 말씀을 '선포'하는 예언자로 부름받은 사람이 말할 줄 모른다는 것입니다. 사실 모세도 하나님을 처음 만난 순간 이와 비슷하게 대답했습니다. 모세는 호렙 산에서 불타는 떨기나무로 나타나신 하나님을 만났습니다. 하나님께서는 모세에게 애굽에 가서 하나님의 백성들을 구하라고 말씀하셨습니다. 그러자 모세는 하나님께 "저는 입이 둔한 자라 할 수 없습니다"라고 대답했습니다.

한 번 생각해 보시기 바랍니다. 누군가 사업을 할 때 자본금이 필요해 동업할 사람을 찾고 있었습니다. 가장 친한 친구를 찾아가 자신의 계획을 설명했습니다. 그런데 이 친구가 하는 말이 "참 좋은 계획이다. 너무 마음에 들어. 그런데 나는 지금 자본금이 전혀 없어"라고 말했습니다. 그러면 사업을 계획한 사람의 마음이 어떠하겠습니까? 자신이 바라는 유일한 것이 자본금인데, 친구에게 그것이 없다면 아마도 그 즉시 다른 동업자를 찾아 나설 것입니다.

예레미야가 하나님께 한 대답이 바로 이러한 것이었습니다. 하나님께서는 예레미야가 말씀을 선포하는 메신저가 되길 원하셨는데, 정작 예레미야는 말을 할 줄 모른다는 것입니다. 그런데 바로 이때 하나님께서 다음과 같이 말씀하십니다.

여호와께서 내게 이르시되 너는 아이라 말하지 말고 내가 너를 누구에게 보내든지 너는 가며 내가 네게 무엇을 명령하든지 너는 말할지니라_예레미야 1:7

하나님께서는 예레미야를 설득하십니다. 말할 줄 몰라도 괜찮다는 것입니다. 말할 것과 행할 것을 모두 하나님께서 직접 일러 줄 터이니 아무런 걱정도 할 필요가 없다는 것입니다. 그리고 여기서 그치지 않고 하나님께서는 앞으로 예언자가 붙잡고 나갈 새로운 약속의 말씀을 주셨습니다.

너는 그들 때문에 두려워하지 말라 내가 너와 함께 하여 너를 구원하리라 나 여호와의 말이니라 하시고_예레미야 1:8

○ 내가 너와 함께하리라

하나님의 부르심은 예언자에게 매우 중요합니다. 왜냐하면 예언자에게 맡겨진 하나님의 사역은 결코 쉬운 일이 아니기 때문입니다. 〈아모스〉 7장을 보면 아모스가 하나님의 말씀을 선포하면서 겪는 여러 가지 어려움이 무엇인지 볼 수 있습니다. 아모스는 본래 남쪽 유다에 살던 사람이었습니다. 그런데 그는 하나님의 부르심을 받은 후 북이스라엘에서 활동하게 됩니다. 아모스가 북이스라엘에서 하나님의 말씀을 선포하자 그 나라 백성들은 다음과 같이 외쳤습니다.

> 아마샤가 또 아모스에게 이르되 선견자야 너는 유다 땅으로 도망하여 가서 거기에서나 떡을 먹으며 거기에서나 예언하고 다시는 벧엘에서 예언하지 말라 이는 왕의 성소요 나라의 궁궐임이니라
>
> _아모스 7:12-13

그럼에도 아모스가 멈추지 않고 계속해서 하나님의 말씀을 선포하자 결국 그들은 아모스를 모반죄로 고소하였습니다. 이처럼 북이스라엘의 백성이 아모스를 끊임없이 괴롭힌 이유는 아모스가 선포한 하나님의 말씀이 북이스라엘의 멸망에 관한 것이기 때문입니다. 남유다에서 올라와 북이스라엘의 멸망을 외치는 아모스의 모습은 누가 보아도 쉽게 용납할 수 없는 것이었습니다. 그때 아모스가 자신이 그렇게 할 수밖에 없는 이유에 대해 말합니다.

> 아모스가 아마샤에게 대답하여 이르되 나는 예언자가 아니며 예언자의 아들도 아니라 나는 목자요 뽕나무를 재배하는 자로서 양 떼를 따를 때에 여호와께서 나를 데려다가 여호와께서 내게 이르시기를 가서 내 백성 이스라엘에게 예언하라 하셨나니_아모스 7:14-15

하나님의 말씀을 선포했던 대부분의 예언자는 자신의 사역으로

인해 매우 어려운 상황에 빠지게 됩니다. 사람들로부터 많은 비난과 모욕을 당하고, 때로는 목숨이 위태로운 상황에 처하기도 합니다. 그때마다 그들이 붙잡았던 것은 바로 하나님의 부르심이었습니다. 예언자는 자신의 마음속에 하나님의 부르심을 깊이 새기고 힘들 때마다 그 말씀을 기억하며 끝까지 사역에 최선을 다했습니다.

이 땅을 살아가는 동안 우리도 예언자처럼 힘들고 어려운 일을 마주하게 됩니다. 신앙 때문에 사람들로부터 비난을 받거나 억울한 일도 겪습니다. 때론 자존심이 무너지고 삶의 희망조차 잃어버릴 만큼 낙심되는 상황을 만나기도 합니다. 그럴 때마다 우리는 하나님을 처음 만난 때, 그 놀라운 은혜를 체험했던 순간을 기억해야 합니다. 하나님의 부르심은 결코 변질되지 않습니다. 하나님은 스스로 아이임을 자처하며 말할 줄 모른다고 고백한 예레미야를 끝까지 포기하지 않으셨습니다. 하나님은 예레미야에게 약속의 말씀을 주며 설득하셨습니다. 그리고 예레미야가 자신에게 맡겨진 사명을 완수할 수 있도록 언제나 함께하셨습니다.

오늘날 우리를 향한 하나님의 부르심도 마찬가지입니다. 하나님은 우리를 부르시고 그냥 내버려 두는 분이 아니십니다. 우리의 능력이 부족하다고, 우리의 삶이 하나님의 기준에 미달된다고 모른 척하거나 포기하는 분이 아니십니다. 하나님께서 그분의 일을 우리에게 맡기신다는 것은 그 사명을 완수할 수 있도록 우리를 도우신다는 약속이기도 합니다. 따라서 우리에게 하나님의 부르심은 고난과 어려움 중에도 우리를 다시 일으키고 새 힘을 불어 넣어 주실 거라는 확신이자 힘의 원천입니다.

하나님의 부르심은 우리의 인생에 있어서 결코 흔들리지 않는 믿음의 기초입니다. 그러므로 항상 하나님의 부르심을 마음속 깊은 곳에 새기고 어려운 순간을 만날 때마다 그것을 의지하기 바랍니다. 우리를 향한 하나님의 부르심을 믿기 바랍니다. 그러한 마음으로 살아갈 때 어떠한 역경 속에서도 우리는 반드시 승리하는 삶을 살게 될 것입니다.

02

선포하라

하나님을 품은 사람, 첫 번째 사명

어느 날 당신이 길을 가다가 지나가는 사람을 불렀습니다. "아무개" 하고 부르자 그가 다가왔습니다. 그때 "그냥 불렀어!"라고 말하면 그가 어떻게 생각할까요? 아마 당신을 꽤나 싱거운 사람이라고 생각할 것입니다. 불렀으면 무언가 이유가 있어야 합니다. 무엇을 부탁하든지, 무슨 이야기를 하든지, 것도 아니라면 얼굴이라도 한 번 보려고 했다든지…….

하나님의 부르심도 마찬가지입니다. 하나님은 결코 아무 이유 없이 우리를 부르시는 분이 아닙니다. 하나님의 부르심에는 분명한 이유가 있습니다. 그 이유가 무엇일까요?

상대가 무슨 일을 하는 사람인지 알려면 그를 부르는 호칭을 보면 됩니다. 목사라는 이름의 뜻은 "마치 양을 치듯이 성도를 돌보는 사람"이라는 의미가 담겨 있습니다. 선지자는 '먼저 선(先)'에 '알 지(知)'자로, '먼저 아는 사람'이라는 뜻입니다. 또 선지자의 다른 이름인 예언자의 뜻을 보면 "앞서서 말한다"라는 것입니다. 그러니 예레미야와 같은 사람을 때론 선지자라 부르고 때로는 예언자라 부르는데 이 두 말을 합치면 "미래에 생길 일을 먼저 알고 말하는 자"로 정리할 수 있습니다.

그런데 이렇게만 보면 좀 심심합니다. 꼭 성경에 나오는 예언자가 길가에 깃발 걸고 영업하는 사람과 비슷하다는 생각이 들기 때문입니다. 그래서 이러한 사람을 성경은 구체적으로 무엇이라 말하는지 알 필요가 있습니다.

> 환난에 환난이 더하고 소문에 소문이 더할 때에 그들이 예언자에게서 묵시를 구하나 헛될 것이며 제사장에게는 율법이 없어질 것이요 장로에게는 책략이 없어질 것이며_에스겔 7:26

> 그들이 말하기를 오라 우리가 꾀를 내어 예레미야를 치자 제사장에게서 율법이, 지혜로운 자에게서 책략이, 예언자에게서 말씀이 끊어지지 아니할 것이니 오라 우리가 혀로 그를 치고 그의 어떤 말에도 주의하지 말자 하나이다_예레미야 18:18

마지막 때가 되면 이렇게 된다는 것입니다. 이 말을 돌이켜 보면 예언자에게는 본래 묵시를 구하였고, 제사장에게는 율법이 있었고, 장로에게는 책략이 있었음을 알 수 있습니다.

제사장은 하나님이 내려 주신 율법을 맡은 자였습니다. 그 율법대로 백성을 교훈하고, 율법대로 하나님 앞에 제사를 드렸습니다. 즉 사람들이 하나님 앞에서 살아가도록 가르치는 자가 제사장이었습니다. 장로는 지혜와 책략을 베푸는 사람이었습니다. 자신이 경험한 것으로 사람들에게 지혜와 책략을 베푸는 사람인 것입니다. 그렇다면 예언자는 어떤 사람이라고 말하고 있습니까? 선지자나 예언자는 세상을 향해 하나님의 말씀과 묵시를 전하는 자입니다. 그러니 성경에 나오는 선지자와 예언자는 단순히 미래를 말하는 것이 아니라 하나님께서 그들에게 내려 주신 말씀을 전하는 사람입니다.

말씀을 전하는 사람

여호와께서 그의 손을 내밀어 내 입에 대시며 여호와께서 내게 이르시되 보라 내가 내 말을 네 입에 두었노라_예레미야 1:9

하나님의 말씀을 세상에 전하는 방법은 크게 보면 두 가지입니다. 하나는 성경에 나오는 것처럼 글로 적는 것입니다. 하나님의 말씀을 글로 적는 것은 다른 게 필요 없습니다. 말씀을 받아 적을 펜과 종이만 있으면 됩니다. 그는 하나님이 말씀해 주시는 것, 보여 주시는 것을 그대로 적으면 됩니다. 그로 인해 생기는 어려움도 별로 없습니다.

또 하나의 방법은 말로 하는 것입니다. 이것은 혼자 할 수 있는 것이 아닙니다. 말할 때는 듣는 사람이 있어야 하기 때문입니다. 더군다나 듣는 대상이 한 사람이 아니라 온 나라와 민족, 또는 여러 나라에 전해야 하는 경우에는 말씀을 전하는 자가 대중 앞에서 말씀을 선포해야 했습니다.

이것은 글로 적는 것과는 상당히 경우가 다릅니다. 글을 적을 때는 그 말씀이 축복의 말씀이든 심판의 말씀이든 상관없습니다. 그냥 받은 대로 적으면 됩니다. 그것으로 인해 큰 어려움을 겪을 필요가 없습니다. 그런데 말로 전하는 것은 다릅니다. 말로 전할 때 선포하는 내용이 축복의 말씀이라면 듣는 사람이 좋아하겠지만, 심판이나 멸망의 말씀이라면 사람들이 결코 반기지 않을 것입니다.

성경의 많은 부분은 글로 기록되었는데 그중 예언서는 먼저 말로 선포된 것입니다. 〈예레미야서〉는 예레미야의 서기이자 친구인 바룩이 기록한 것이고, 〈이사야서〉는 그의 제자가 스승이 선포한 말씀을 받아 적었다가 나중에 함께 모은 것이라고 성경은 가르쳐 줍니다. 그러다보니 하나님의 말씀을 입으로 선포한 예언자는 많은 어려움을 겪어야 했습니다.

보라 내가 오늘 너를 여러 나라와 여러 왕국 위에 세워 네가 그것들을 뽑고 파괴하며 파멸하고 넘어뜨리며 건설하고 심게 하였느니라 하시니라_예레미야 1:10

이 말을 선포할 때에 사람들이 박수치며 환호할 부분이 있습니다. 끝에 있는 두 개 즉 건설하고 심는다는 말입니다. 어떤 것을 세워서 온전하게 만들어 주고 또 어떤 것을 심어서 자라게 한다면 사람들은 좋아할 것입니다.

그런데 그 앞에 있는 말씀은 그렇지 못합니다. 뽑고 파괴하고 파멸하며 넘어뜨린다. 이미 심겨져 있는 것 즉 내가 열매를 따고 있는 것을 뽑고, 잘 세워져 있는 것을 파괴하고, 우리가 하는 일을 파멸한다면 좋아할 사람은 없을 것입니다. 당연히 손가락질할 것이고 때로는 핍박할 것입니다. 선지자나 예언자가 감옥에 갇히고 구덩이에 들어가 숨을 수밖에 없었던 이유가 바로 이것입니다. 그들이 선포하는 말은 축복보다 심판과 멸망에 대한 메시지가 훨씬 더 많았기 때문입니다.

그럼에도 불구하고 말씀 전하는 일을 멈출 수 없었던 이유는 바로 그들에게 주신 하나님의 말씀이 너무나 분명했기 때문이었습니다.

벗은 몸과 벗은 발

그 때에 여호와께서 아모스의 아들 이사야에게 말씀하여 이르시되 갈지어다 네 허리에서 베를 끄르고 네 발에서 신을 벗을지니라 하시매 그가 그대로 하여 벗은 몸과 벗은 발로 다니니라_이사야 20:2

이사야는 애굽이 앗수르에게 당할 멸망과 수치를 나타내기 위해 3년 동안 벗은 몸과 벗은 발로 다녀야 했습니다. 이사야는 예루살렘에 있었던 고관입니다. 귀족이고 엘리트였습니다. 이사야가 하나님의 쓰임을 받으면서 하는 말을 보면 그가 예루살렘에서 좋은 교육을 받고, 좋은 환경에서 살았던 사람이라는 것을 알 수 있습니다.

그런 그에게 하나님이 말씀하십니다. 3년 동안 벗은 몸과 벗은 발로 살라고 말입니다. 이것을 우리가 하는 말로 바꾸면 "너는 3년 동안 벌거벗고 살라"는 것입니다. 어린아이 때는 벗고도 살 수 있습니다. 그런데 이사야는 예루살렘 고관이자 귀족이었습니다. 그런 사람에게 3년 동안 벗고 살라면 도망가고 싶었을 것입니다.

이뿐만이 아닙니다. 예언자들의 삶을 보면 종종 이해할 수 없는 일이 있습니다. 호세아는 하나님의 부름받은 사람이기에 정결한 여인과 결혼해야 하는데 하나님께서는 음탕한 여인 고멜과 결혼하라고 하셨습니다. 예레미야는 제사장으로서 결혼하여 후사를 얻고 그 자녀 또한 제사장으로 키워야 함에도 불구하고 평생 동안 결혼하지 말라는 하나님의 말씀 때문에 독신으로 살아야 했습니다. 그렇다면 이 사람들은 왜 그와 같이 힘든 길을 걸을 수밖에 없었을까요? 그것은 하나님께서 그들에게 확실한 미래를 보여 주셨기 때문입니다.

"지금 이스라엘은 잘못 행하고 있으니 분명 멸망할 것이다. 나의 심판을 받을 것이다."

하나님의 뜻이 너무나 엄중했기 때문에 따르지 않을 수 없었던 것입니다. 하나님께서 그분의 뜻을 전하기 위하여 이사야에게 3년 동안 벌거벗고 살라고 한 것은 앞으로 이스라엘 백성이 당할 수치와 징벌이 그만큼 엄중하다는 표현입니다.

그것을 백성에게 선포하라 하시니 순종하지 않을 수 없었습니다. 하나님의 뜻이 너무나 분명했기 때문입니다. 때로는 입술로, 때로는 온몸으로, 때로는 자신의 삶으로 예언자는 이 땅 가운데 하나님께서 이루실 일을 말할 수밖에 없습니다.

○ 하나님을 품은 사람

예언자는 하나님을 품은 사람입니다. 그렇기 때문에 그들의 말을 통해 그 선포가 나타날 수밖에 없었습니다. 선포는 이들이 하나님을 품고 있다는 사실을 드러내는 방법이었습니다. 하나님께서 보여 주신 것을 나타내는 방법이었습니다. 하나님께서 들려주신 것을 표현하는 방법이기도 했습니다. 하나님께서 앞으로 하실 일을 말하는 것이었습니다.

우리도 하나님 앞에서 이 땅을 살아가는 사람입니다. 하나님께서 부른 사람이고, 하나님을 품은 사람입니다. 하나님은 오늘도 여전히 우리를 통해 하나님의 뜻이 이 땅 가운데 이루어지기를 원하십니다.

하나님의 백성은 이 땅 가운데 살아갈 때 많은 복을 누립니다. 그런데 하나님께서 우리에게 왜 그와 같은 복을 주시는지 아십니까? 하나님께서 우리에게 왜 형통함을 주고 하는 일이 잘 되게 해주시는지 알고 있습니까? 그것은 하나님이 우리를 사랑하시기 때문이지만 또 다른 이유가 있습니다. 하나님께서는 여전히 이 땅에서 살아 역사하시는 분이고, 모든 것을 주장하시며 여전히 우리를 돌보시는 분임을 나타내고자 함입니다.

그렇기에 하나님께서 우리에게 드러내기 원하시는 것은 우리가 잘되는 것, 축복받는 것, 형통하게 되는 것 그 이상입니다. 때로는 그것이 우리를 괴롭고 힘들게 하기도 합니다. 우리가 행하기에 벅차고 어렵기도 합니다. 하지만 하나님의 뜻을 분명히 아는 사람이라면, 하나님의 뜻을 분명히 가슴에 품은 사람이라면 그것이 어려워도 반드시 행해야만 합니다. 예언자에게 있어서 선포란 바로 그런 의미입니다. 그들은 고초를 겪고 괴로움이 생겨도 마땅히 감수하고서 하나님의 뜻을 드러내는 일을 택했습니다.

예언자가 수천 년 전에 하나님께서 쓰신 사람이라면 우리는 지금 이 순간에 하나님이 부르신 사람들입니다. 설레지 않습니까? 우리는 하나님이 부르셨고, 가슴 속에 하나님을 품은 사람들입니다. 부르신 우리에게 하나님께서는 그 뜻과 마음을 알려 주십니다. 그 뜻을 언제나 가슴에 품고 기억하는 우리가 되기를 원합니다.

우리가 하나님을 이 땅 가운데 드러내지 않으면 하나님은 자신을 감추십니다. 감추인 하나님을 드러낸 예언자처럼 우리도 이 땅 가운데서 하나님의 살아 계심을 나타내어 그분의 뜻을 알리는 삶을 살아가기를 주님의 이름으로 축원합니다.

소통의 도구

하나님을 품은 사람, 두 번째 사명

우리는 하나님의 말씀을 보면서 그 말씀이 우리에게 참 귀하고 소중하다는 것을 믿어 의심치 않습니다. 그런데 종종 하나님의 말씀에 대해 좀 다르게 보는 사람이 있습니다. 하나님의 말씀을 몇 천 년 전에 기록된 고리타분한 이야기로 생각하는 것입니다. 성경이 기록된 시대가 확실히 오래전인 것은 맞습니다. 성경은 최소 2,000년은 지난 말씀이 담겨 있습니다. 그러니 시대나 배경은 우리와 많이 다른 것이 사실입니다. 하지만 이상한 것은 그 옛날의 이야기를 담고 있는 성경이 오늘날에도 여전히 감동을 준다는 것입니다. 왜 그럴까요?

만약 성경이 삶의 기술이나 살아가는 데 필요한 지식을 담았다면 요즘 사람에게는 쓸모없는 것이 될 수 있습니다. 성경을 기록했던 때는 농경 시대였습니다. 또 양을 치는 시대였습니다. 천막에 살거나 스스로 집을 짓고 살았습니다. 그런데 성경에는 농사짓는 법이 나오지 않습니다. 어떻게 씨를 뿌리고, 어떻게 솎아 주고, 어떻게 비료를 주고 농약을 치는지, 언제 심고 언제 거두는지에 대해 전혀 나오지 않습니다. 양을 치는 것도 마찬가집니다. 양을 칠 때 어느 정도 길이로 털을 깎아 주는지, 어떤 먹이를 주고, 병이 나면 어떻게 돌보는지 이야기하지 않습니다. 만약 성경이 농사짓는 법에 대해 말하고, 양 치는 방법을 가르쳐 준다면 그것은 시대에 뒤떨어진 정보이기에 오늘날을 사는 사람들에겐 별 필요없는 내용일 것입니다.

하지만 성경은 그때부터 지금까지 변함없는 것을 이야기합니다. 그것은 바로 하나님입니다. 하나님은 신실하고, 변함이 없는 분입니다. 그리고 하나님은 그때부터 지금까지 한결같이 우리를 사랑하는 분입니다. 세월이 흐르면서 많은 것이 변했지만 하나님께서는 영원히 변함이 없으신 분입니다. 그래서 성경은 오늘날에도 사람에게 감동과 교훈을 주는 책으로 남아 있는 것입니다. 그중에 특별히 하나님께서 선택한 사람의 이야기가 예언서이고 그 택한 사람의 이름을 따라 책 이름도 정해졌습니다.

그들이 살았던 시대는 지금으로부터 약 2,700여 년 전입니다. 그런데 그 시대에 하나님께서 예언자를 통해 하신 일을 보면 오늘날 우리에게 원하시는 것이 무엇인지 알 수 있습니다. 예언자가 활약했던 그 시대는 우리가 지금 살아가는 모습을 모두 담고 있습니다. 예언서를 보면 하나님께서 항상 힘들고 어려운 때에 예언자를 세웠다고 생각하기 쉽습니다. 그런데 그렇지 않습니다 평안할 때에도 하나님께서는 예언자를 세우셨습니다.

○ 귀가 막히고 눈이 감기게 하라

아모스가 하나님의 말씀을 전했던 때는 여로보암 2세가 다스리던 시대였습니다. 이스라엘은 솔로몬 이후에 남쪽과 북쪽으로 갈라졌는데 그 가운데 북왕국 이스라엘에서 하나님의 말씀을 전했던 예언자가 바로 아모스입니다. 그리고 그가 전했던 시대에 있었던 왕이 여로보암 2세입니다. 우리는 여로보암 2세라고 하면 좋지 않은 왕, 하나님께로부터 질책을 많이 받은 왕, 그래서 그 나라도 별 볼일 없을 거라 생각하기 쉽습니다. 그런데 다윗과 솔로몬 이후, 북왕국 최고의 전성기는 바로 여로보암 2세가 통치하던 때입니다.

최고로 강성했던 시기이자 영토가 넓고 부유했던 이 당시에는 일반 집에서도 상아로 만든 장식품이 발견될 정도였습니다. 그만큼 여로보암 2세가 다스리던 시기에는 사람들이 아주 풍요롭게 살았습니다. 여로보암 2세는 주변에 있는 암몬이나 두로, 시돈을 모두 복속시켰고 그 나라에서 나오는 부를 가져다 쓸 수 있었습니다. 그런데 이 평안하고 형통한 때에 하나님은 아모스를 통해 말씀을 선포합니다.

너희는 벧엘에 가서 범죄하며 길갈에 가서 죄를 더하며 아침마다 너희 희생을, 삼일마다 너희 십일조를 드리며 누룩 넣은 것을 불살라 수은제로 드리며 낙헌제를 소리내어 선포하려무나 이스라엘 자손들아 이것이 너희가 기뻐하는 바니라 주 여호와의 말씀이니라_아모스 4:4-5

아침마다 희생 제물을 드리고 삼일마다 십입조를 드리고 수은제와 낙헌제를 하나님 앞에 쉴 새 없이 드릴 정도로 아주 풍요로운 때에 하나님께서는 말씀하십니다.

"이것은 너희만 기뻐하는 제사다. 너희가 잘 살고, 풍요로운 세월을 지내고 있지만 사실은 아니다. 겉은 평온한데 속은 잘못되었다. 그리고 내가 그것을 보고 있다. 내가 예언자를 세워서 너희에게 이 말을 전한다."

하나님께서는 태평한 시대에도 예언자를 세워서 말씀을 전하십니다. 물론 예언자가 많이 활동한 때는 위기가 찾아왔을 때입니다. 위기의 시대는 모든 것이 불안하고 위태로운 때입니다. 그리고 그 시기에 하나님께서 하신 말씀은 예언서에 그대로 담겨 있습니다.

웃시야의 손자요 요담의 아들인 유다의 아하스 왕 때에 아람의 르신 왕과 르말리야의 아들 이스라엘의 베가 왕이 올라와서 예루살렘을 쳤으나 능히 이기지 못하니라 어떤 사람이 다윗의 집에 알려 이르되 아람이 에브라임과 동맹하였다 하였으므로 왕의 마음과 그의 백성의 마

음이 숲이 바람에 흔들림 같이 흔들렸더라 _이사야 7:1-2

풍전등화라는 말이 있습니다. 바람 앞의 등불과 같다는 것입니다. 숲이 바람에 흔들린다는 것도 이처럼 아주 위태롭고 갈피를 못 잡는 상황을 말합니다. 〈예레미야서〉는 당시 가장 큰 나라인 바벨론이 유다에 쳐들어와서 모든 지역이 그들의 말발굽 아래 짓밟히고, 항복 직전에 있는 상황을 이야기하고 있습니다. 이처럼 하나님께서는 이스라엘이 바람 앞의 등불과 같이 위기의 순간일 때 예언자를 세우셨습니다.

그가 말씀하시되 아모스야 네가 무엇을 보느냐 내가 이르되 여름 과일 한 광주리니이다 하매 여호와께서 내게 이르시되 내 백성 이스라엘의 끝이 이르렀은즉 내가 다시는 그를 용서하지 아니하리니 _아모스 8:2

예언자가 왕성하게 활동했던 시기가 바로 이때였습니다. 끝에 다다른 위기의 때에 어떻게 살아야 할지 갈팡질팡할 때, 하나님께서는 예언자를 세워 말씀을 전하셨습니다. 왜 하나님께서 이들을 세우고 말씀을 주셨을까요?

여호와께서 이르시되 가서 이 백성에게 이르기를 너희가 듣기는 들어도 깨닫지 못할 것이요 보기는 보아도 알지 못하리라 하여 이 백성의 마음을 둔하게 하며 그들의 귀가 막히고 그들의 눈이 감기게 하라 염려하건대 그들이 눈으로 보고 귀로 듣고 마음으로 깨닫고 다시 돌아와 고침을 받을까 하노라 하시기로_이사야 6:9-10

이것은 당시 백성들의 상황을 알려 주는 말씀입니다. 당시 백성들은 듣기는 들어도 깨닫지 못하고, 보기는 보아도 알지 못했습니다. 가서 전해도 그들이 깨닫지 못할 것이고, 그것을 보아도 그들이 알지 못했습니다. 하나님께서 예언자를 세운 이유가 바로 여기 있습니다. 태평한 시대나 위기의 시대나 그들에게는 한결같은 문제가 있었습니다. 하나님의 말씀을 들어도 깨닫지 못하고, 보아도 알지 못하기 때문에 하나님과 불통하고 있었던 것입니다. 이처럼 불통의 시대에 예언자는 하나님과 세상을 소통시켜 주는 도구였습니다.

○ 통(通)하게 하라!

태평한 시대에 사람들은 하나님을 잊고 삽니다. 그때도 하나님께서는 여전히 우리를 보고 계시고, 우리를 이끄는 분임을 알리는 사람이 예언자입니다. 위기의 시대에는 왜 위기가 왔는지, 앞으로 어떤 일이 일어날지 하나님께서 우리에게 원하시는 것을 전하는 사람이 바로 예언자입니다.

예언서는 우리 삶의 모든 부분을 아우르는 말씀입니다. 태평한 시대든 위기의 시기든, 과거든 현재든, 하나님과 우리 사이에서 일어나는 모든 일에 대해 이야기해 주는 말씀입니다. 지금도 마찬가지입니다. 하나님의 말씀을 들어도 깨닫지 못하고 보아도 알지 못하는 우리를 하나님은 결코 포기하지 않으십니다.

> 그 중에 십분의 일이 아직 남아 있을지라도 이것도 황폐하게 될 것이나 밤나무와 상수리나무가 베임을 당하여도 그 그루터기는 남아 있는 것 같이 거룩한 씨가 이 땅의 그루터기니라 하시더라_이사야 6:13

이것이 하나님께서 우리에게 원하시는 일 가운데 하나입니다. 우리가 세상에 나가서 말씀을 전해도 이 시대는 하나님과 불통하고 있습니다. 그런데 하나님은 여전히 세상과 소통하기 원하십니다. 사람들 가운데 하나님의 말씀을 전하기 원하십니다. 그리고 그것을 위해 우리를 택하셨습니다.

성경에서 예언자가 보여 주는 모습은 결코 옛일이 아닙니다. 하나님의 선택함을 받은 우리가 오늘 해야 할 것을 보여 주고 있습니다. 우리가 하나님과 세상을 소통케 하는 도구가 되려면 예언자들처럼 하나님의 영이 충만해야 합니다. 하나님의 영이 있으면 우리는 하나님의 소통의 도구가 될 수 있고, 살아 계신 하나님의 증인이 될 수 있습니다. 그러므로 우리가 하나님의 영인 성령으로 충만하여 하나님께서 주신 사명을 끝까지 감당할 수 있기를 소망합니다.

Prophets

2부 희망

04 특별한 선택, 특별한 책임

드고아의 목자 아모스

요즘은 예전처럼 신분증을 보자는 일이 거의 없기 때문에 가지고 다니지 않는 경우가 많습니다. 그런데 예전에는 안 그랬습니다. 신분증이 있어야 곤란한 상황이 생기지 않았습니다. 길을 가다가 갑자기 경찰이 신분증을 보자고 했을 때 신분증이 있으면 보여 주고 지나갈 수 있지만 없으면 경찰서로 가야 하는 경우가 종종 있었습니다.

신분증이라는 것은 내가 여기에 속해 있다는 확실한 표식입니다. 우리나라에서는 주민등록증이나 운전면허증을 가지고 있으면 대한민국 국민이라는 표식이 됩니다. 여권도 그렇습니다. 우리나라에 있든 외국에서 여행 중이든 여권이 있으면 확실히 대한민국 국민임을 나타낼 수 있습니다. 기관이나 단체도 마찬가지입니다. 학생은 학생증이 있고, 회사원은 사원증이 있습니다. 내가 속한 단체에서 발급한 신분증은 내가 여기에 속한 사람이라는 것을 표시해 줍니다. 그런데 우리가 하늘에 속한 사람임은 어떻게 표시할 수 있을까요?

성도가 함께 모여 예배를 드리는 것이 하나님의 백성이라는 표시입니다. 하나님께 속한 자, 하나님을 믿는 사람은 예배를 통해 은혜를 받습니다. 혹 믿음과 상관없이 강권에 못 이겨 예배에 참석한 사람은 그 시간이 괴롭고 힘들 것입니다. 예배를 드리는 것이 기쁘고 즐거우면 그것은 하늘나라에 속한 사람이라는 분명한 표식입니다. 하나님의 말씀을 보는 것도 마찬가지입니다. 책을 가까이 하는 것이 쉽지 않은 이때에 성경을 가까이 한다는 것은 하나님께 속한 사람이라는 증거입니다. 십자가도 마찬가지입니다. 십자가를 사랑하고 가까이 하는 것 역시 내가 저 하늘에 속한 자임을 말해 줍니다.

그런데 사실 이보다 더 분명한 표식은 우리 속에 있습니다. 신앙으로 인해 삶이 바뀐 사람은 성경에도 여럿 나오지만 그 중에 사도 바울이 가장 대표적인 사람입니다. 사도 바울은 본래 예수 믿는 사람을 핍박하던 사람입니다. 예수 믿는 사람을 죽이는 것도 서슴지 않던 사람이었습니다. 그런데 그가 예수님을 믿고 난 뒤에 삶이 달라졌습니다. 전에는 예수 믿는 사람의 목숨을 탐하는 자였다면, 이제는 복음을 전하지 않으면 자신에게 화가 임할 것처럼 예수 그리스도를 전하는 사람이 되었습니다.

하늘 백성이라는 표식은 여러 가지 있을 수 있겠지만 가장 분명한 것은 하나님을 품는 것입니다. 마음에 하나님을 품고 있다면 분명 우리는 하늘의 백성입니다. 성경은 하늘나라 백성의 이야기를 우리에게 보여 주는데 그 가운데 가장 분명한 사람이 바로 예언자입니다. 예언자는 하나님을 품은 사람이고, 그로 인해 삶이 바뀌었습니다.

> 유다 왕 웃시야의 시대 곧 이스라엘 왕 요아스의 아들 여로보암의 시대 지진 전 이년에 드고아 목자 중 아모스가 이스라엘에 대하여 이상으로 받은 말씀이라_아모스 1:1

예언서는 예언자가 하나님께 받은 말씀을 선포한 뒤 그 말씀을 하나로 묶어 예언자의 이름을 붙인 책입니다. 그러다 보니 내용 가장 앞에 이 말씀이 어떤 예언자의 말인지가 나옵니다. 뿐만 아니라 이 예언자가 어느 때에 살았고, 본래 무엇을 하던 사람이었고, 또 이 예언자를 통해 하나님께서 하신 말씀이 무엇인지 말해 줍니다.

이스라엘의 왕 여로보암 2세의 시대에 아모스가 살았습니다. 하나님께서는 드고아의 목자로 살고 있던 아모스를 부르셔서 이스라엘에 관한 말씀을 주셨습니다. 그런데 여기에서 등장하는 이스라엘을 구분할 필요가 있습니다. 보통 이스라엘이라고 하면 이스라엘 전체를 생각합니다. 가령 다윗과 솔로몬 시대에 나라가 하나였을 때, 이스라엘은 12지파 전체를 이야기하는 것이 맞습니다. 하지만 나라가 둘로 갈라지고 난 뒤에는 이 말의 쓰임이 조금 달라졌습니다. 남과 북으로 나라가 갈라진 상황에서 이스라엘은 북쪽 나라만 이야기하는 것입니다. 유다와 이스라엘이 갈라진 시대에 유다에 사는 아모스가 하나님께로부터 받은 말씀은 북왕국 이스라엘 백성을 위한 것이었습니다.

성경에는 두 종류의 목자가 나옵니다. 우리말은 목자라는 명칭이 하나이지만 본래 히브리어 구약 성경에는 목자라는 말이 두 개로 나뉩니다. 하나는 우리가 일반적으로 이야기하는 목자입니다. 다윗이 목동이었다고 이야기할 때, 여호와는 나의 목자라고 이야기할 때는 '로에'라는 말을 써서 작은 동네에서 가축을 돌보는 자를 말합니다. 이 목자는 높은 지위를 가진 사람은 아닙니다. 한 곳에 정착해서 농사를 짓는 사람과 구분하기 위한 명칭으로 쓰입니다.

또 다른 목자는 히브리어로 '노케드'라고 불립니다. 이 목자는 앞의 것과는 조금 다릅니다. 이것은 대규모로 가축을 치는 사람입니다. 예를 들자면 왕실은 가축 돌보는 일을 외부의 목자에게 위탁했습니다. 그래서 이 목자는 일반 목자들과 다르게 아주 큰 목축 사업을 하는 사람을 말합니다. 성경은 아모스를 드고아의 목자라고 말하는데 이때 아모스를 설명하는 목자는 '로에'가 아니라 '노케드'였습니다. 즉 작은 목자가 아니라 사업으로 큰 목축을 하는 목자였습니다. 그런 그가 하나님의 부르심을 받았습니다.

이런 아모스를 보면 하나님의 선택이 참 특별하다는 것을 알 수 있습니다. 하나님은 결코 우리가 할 일이 없는 사람이거나 세상에서 큰 쓸모가 없어서 부르신 것이 아닙니다. 세상에서 큰일을 하고 있어도 하나님께서는 특별하게 택하셔서 특별하게 부르십니다.

드고아의 목자 아모스는 큰 사업가요, 세상에서 잘나가던 사람이었지만 하나님께 택하심을 받았습니다. 세상에서 어떤 일을 하던 사람이든 하나님께서 우리를 부르시는 순간 하늘의 백성이 되고 하나님을 품은 사람이 됩니다.

아모스는 본래 남쪽 유다 사람이었습니다. 그런데 북쪽 나라 이스라엘에 가서 하나님의 말씀을 전했습니다. 우리가 이것을 조금 깊게 생각하면 아모스의 처지가 썩 좋지 않았음을 쉽게 알 수 있습니다.

이스라엘과 유다가 한 나라일 때는 형제였습니다. 그런데 이 형제가 마음이 맞지 않아서 두 나라로 갈라졌습니다. 가까운 사람이 틀어져서 둘로 갈라지면 본래 먼 사람보다 더 못한 법입니다. 유다와 이스라엘도 그러했습니다. 다윗과 솔로몬 시대에는 한 백성이었지만 여로보암과 르호보암에 의해 두 나라로 갈라진 다음에는 국경에서 분쟁이 끊이지 않았고 서로 반목하고 대립했습니다. 그런데 남쪽 나라 사람이었던 아모스가 북쪽 나라에서 하나님의 말씀을 전합니다.

우리나라의 상황도 이와 비슷하니까 예를 들어 이야기하겠습니다. 만약 남한 사람이 북한에 가서 하나님의 말씀을 전한다면 그가 어떻게 되겠습니까? 아마도 큰 어려움을 겪을 것이라 쉽게 예상할 수 있습니다. 그런데 남쪽 나라에서 잘나가는 기업가가 왜 사이가 좋지 않은 나라에 가서 하나님의 말씀을 전하게 되었을까요? 그 이유가 〈아모스〉 3장 말씀에 나옵니다.

> 사자가 움킨 것이 없는데 어찌 수풀에서 부르짖겠으며 젊은 사자가 잡은 것이 없는데 어찌 굴에서 소리를 내겠느냐 덫을 땅에 놓지 않았는데 새가 어찌 거기 치이겠으며 잡힌 것이 없는데 덫이 어찌 땅에서 튀겠느냐 성읍에서 나팔이 울리는데 백성이 어찌 두려워하지 아니하겠으며 여호와의 행하심이 없는데 재앙이 어찌 성읍에 임하겠느냐 주 여호와께서는 자기의 비밀을 그 종 예언자들에게 보이지 아니하시고는 결코 행하심이 없으시리라 사자가 부르짖은즉 누가 두려워하지 아니하겠느냐 주 여호와께서 말씀하신즉 누가 예언하지 아니하겠느냐_아모스 3:4-8

하나님께서 우리를 특별히 선택하신 이유가 있습니다. 그것은 하나님께서 우리를 통해 그분의 일을 이루기 원하시기 때문입니다. 우리는 먹이를 움켜쥔 사자와 같습니다. 사자는 움켜쥐었으면 포효해야 합니다. 부르짖어야 합니다. 움켜잡았는데 포효하지 않으면 사자가 아닙니다.

하나님께서 우리를 특별히 선택하셨고, 움켜쥘 만한 일을 주셨는데 우리가 그것을 하지 않는다면 하나님을 품은 사람이라고 말할 수 없습니다. 아모스가 그것을 이야기하는 것입니다. 사자가 움켜쥐고 포효하는 것 같이 우리는 하나님을 품은 사람으로서 이 땅에서 하나님의 일을 감당해야 합니다.

○ 하나님이 기뻐하시는 삶

특별한 선택을 받은 사람에게는 특별한 책임도 뒤따릅니다. 아모스를 통해 하나님께서 주신 말씀이 바로 이것입니다.

> 화 있을진저 여호와의 날을 사모하는 자여 너희가 어찌하여 여호와의 날을 사모하느냐 그 날은 어둠이요 빛이 아니라 마치 사람이 사자를 피하다가 곰을 만나거나 혹은 집에 들어가서 손을 벽에 대었다가 뱀에게 물림 같도다 여호와의 날은 빛 없는 어둠이 아니며 빛남 없는 캄캄함이 아니냐 내가 너희 절기들을 미워하여 멸시하며 너희 성회들을 기뻐하지 아니하나니_아모스 5:18-21

선교사가 다른 나라에 가서 말씀을 전하면 보통 이렇습니다.

"예수 믿고 구원받으십시오."

좋은 말입니다. 구원을 이루기 위해 예수님을 믿으라는 것입니다.

이렇게 좋은 말로 전하면 사람의 마음을 얻을 수 있고 또 많은 사람이 동조합니다. 그런데 반대로 선교사가 어느 나라에 가서 "이 나라가 멸망할 것이다. 당신에게 화가 임할 것이고 하늘로부터 벌이 내릴 것이다"라고 이야기한다면 현지 사람들이 어떻게 반응할까요?

당연히 그 말을 귀담아 듣지 않을 것이고, 전하는 사람도 비난받을 것입니다. 아모스도 그랬습니다. 북쪽 나라에 가서 "이 나라가 곧 멸망할 것이고 여호와의 진노가 임할 것이고 곧 어둠이 임할 것이다"라고 말하니 사람들이 그를 고발했습니다. 그에게 모반죄가 적용되었습니다. 나라를 전복하려 한다는 죄가 적용된 것입니다. 오늘날도 북한에서 온 사람이 남한에서 공개적으로 "이 나라가 곧 망할 것이고, 이 나라가 심판받을 것이다"라고 말한다면 그것이 곱게 들리지 않을 것입니다. 아모스가 그러한 상황 가운데 처했습니다. 그런데 그가 선포할 수밖에 없었던 이유는 이 말씀 때문입니다.

> 내가 너희 절기들을 미워하여 멸시하며 너희 성회들을 기뻐하지 아니하나니 너희가 내게 번제나 소제를 드릴지라도 내가 받지 아니할 것이요 너희의 살진 희생의 화목제도 내가 돌아보지 아니하리라 네 노랫소리를 내 앞에서 그칠지어다 네 비파 소리도 내가 듣지 아니하리라 오직 정의를 물 같이, 공의를 마르지 않는 강 같이 흐르게 할지어다_아모스 5:21-24

그들은 하나님 앞에서 예배드리기를 즐겨 했습니다. 그런데 이런 행동을 하나님은 미워하고 멸시하셨습니다. 하나님과 화목하기 위해 화목제를 드려도 하나님께서는 돌아보지 아니하셨습니다. 왜냐하면 백성들의 삶에 하나님의 정의와 공의가 사라졌기 때문입니다. 오늘날로 이야기하면 세상에서 잘못 살다가 예배에 와서 용서를 빌어도 하나님께서는 그것을 듣지 않고, 가까이 하지도 않겠다고 말씀하시는 것과 같습니다.

하나님께서 우리를 택하신 이유는 우리가 하나님의 백성으로 살도록 하시기 위함입니다. 예배드리는 것, 제사드리는 것, 그것은 하나님의 특별한 백성으로서 마땅한 삶입니다. 우리가 그분의 백성이기 때문에 하나님과 교제하고 예배드리기를 원하십니다. 그런데 거기서 멈추면 안 됩니다. 우리의 삶이 정의롭고 공의로워야 합니다. 하나님의 백성은 하나님과의 관계에서만 백성됨을 나타내는 것이 아니라 세상 사람들과의 관계에서도 동일해야 합니다.

아모스가 선포하는 시대는 이스라엘 사람들이 아주 풍요롭고 안정된 삶을 살았습니다. 그런데 살기 좋은 모습 가운데 하나님의 백성됨이 없었습니다. 가진 것은 많은데 하나님을 품은 사람으로 살지는 않았습니다. 그래서 하나님께서는 그들의 예배와 제사를 전혀 받지 않을 테니 그만두라고 하셨습니다.

하나님은 아모스를 택하신 것처럼 우리 역시 특별하게 선택하셨습니다. 그리고 이와같이 하나님의 택하심을 받은 사람에게는 특별한 책임도 함께 주어집니다. 우리는 하나님과의 관계 속에서 예배를 드릴 책임이 있고, 사람들과의 관계 속에서 "아! 저 사람은 믿는 사람이라고 하더니 역시 다르구나"라는 말을 들을 수 있는 삶을 살아야 합니다. 이것이 특별히 선택받은 사람이 가져야 할 특별한 책임입니다.

하나님께서 아모스 예언자를 통해 오늘날 우리에게 동일하게 말씀하시고자 하는 것이 바로 이것입니다. 하나님께 특별히 선택받은 자에게는 특별한 책임이 뒤따릅니다. 이것을 기억하여 주께서 기뻐하시는 삶이 되도록 노력하는 삶을 사시기 바랍니다.

05

하나님을 알라

삶으로 하나님의 뜻을 선포한 호세아

구약 성경의 예언서는 대예언서 4권과 소예언서 12권으로 구성됩니다. 〈호세아서〉는 12권의 소예언서 중에 가장 첫 번째에 위치하고 있습니다.

〈호세아서〉가 가장 앞에 있는 이유는 소예언서 중에 분량이 가장 많기 때문입니다. 소예언서이지만 어떻게 보면 대예언서에 속하는 〈다니엘서〉와 큰 차이가 없는 분량입니다. 그리고 〈호세아서〉에는 호세아라는 특별한 예언자의 이야기가 등장합니다.

성경에는 예언자의 이름을 딴 책이 16권 있습니다. 그리고 16명 중에 15명은 남 유다 사람입니다. 그리고 1명 즉 호세아만 북 이스라엘 사람입니다. 솔로몬 이후에 이스라엘은 남쪽 유다와 북쪽 이스라엘로 갈라졌습니다. 그리고 이 둘 사이는 분쟁이 끊이지 않을 정도로 어려움이 많았습니다.

또한 우리에게 〈호세아서〉가 특별한 것은 하나님의 직접적인 말씀을 많이 담고 있기 때문입니다. 우리말 성경에는 잘 구분되지 않지만 히브리어 성경에는 하나님의 말씀과 그렇지 않은 것이 분명하게 구분됩니다. 하나님의 말씀은 다른 방식으로 적어서 나타냈습니다. 일반적인 말씀은 쭉 이어지지만 하나님의 말씀은 딱딱 끊어서 시와 같이 짧은 문장 형태로 드문드문 기록해 놓았습니다.

〈호세아서〉는 4장부터 거의 대부분이 직접적인 하나님의 말씀입니다. 그러니 〈호세아서〉는 하나님의 말씀에 굉장히 집중하고 있는 책이라고 할 수 있습니다. 〈호세아서〉의 핵심은 "하나님을 알라"는 것입니다. 특별한 사람을 통해 전하는 특별한 메시지를 우리가 나눌 때, 주님께서 우리의 심령 가운데 놀랍게 역사하시기를 기도합니다.

○ 회복의 열쇠

우리는 하나님께서 항상 동행하고 보호해 주시는 손길을 느낄 때면 큰 기쁨을 누리게 됩니다. 그래서 하나님의 복을 누리는 하늘 백성의 삶에 자부심을 갖고 살아가게 됩니다. 하지만 우리의 삶이 항상 그렇지는 못합니다. 때로는 하나님께로부터 멀어지고, 하나님께서 정말 나와 함께하시는지 의심이 들 때도 있습니다. 이스라엘 백성도 그랬습니다.

하나님과 우리의 관계를 〈호세아서〉는 아주 특별하게 이야기하고 있습니다. 하나님과 이스라엘 백성이 마치 부부와 같다고 말합니다. 이스라엘 백성이 애굽에 있을 때 신부로 불러 구원하셨고, 출애굽하여 광야에서 신혼여행 하는 것과 같은 시간을 보냈다고 말합니다. 구름 기둥과 불기둥으로 항상 동행하며 먹고 입고 쓸 것을 다 공급하여 주신 것은 마치 신혼여행을 간 것처럼 가까운 시간을 보낸 것이라고 말합니다. 가나안 땅에 들어갈 때는 마치 신랑이 가정을 지키기 위해 싸우는 것 같이 하나님께서 이스라엘을 대신하여 싸우셔서 백성들로 하여금 가나안 땅을 정복하게 하셨습니다. 이스라엘 백성은 하나님과 부부처럼 살았던 것입니다.

흔히 사랑하는 사람과의 관계를 이야기할 때 '님'에 점 하나를 찍으면 '남'이 된다고 말합니다. 특히 부부 관계는 촌수가 없습니다. 촌수가 없다는 것은 관계를 따질 수 없을 정도로 가깝다는 의미이기도 하지만 멀어지면 언제 그랬냐는 듯이 남이 될 수도 있는 것입니다. 이것이 부부 관계의 양면성입니다. 좋을 때는 '님'이라고 부르지만 뒤돌아서면 '남'처럼 되는 것이 바로 부부입니다. 하나님은 이스라엘과의 관계도 그렇다고 이야기합니다.

"내가 너희와 참 가까웠다. 촌수를 따질 수 없을 정도로 가까웠다. 그런데 이제 부부 관계가 파탄이 났다. 너희가 다른 남편을 쫓아서 이 부부 관계가 깨진 것이다."

이것은 이스라엘이 영적으로 간음했기 때문에 생긴 일이었습니다. 하나님만 남편으로 섬기는 것이 아니라 바알과 아세라를 같이 섬기며 그들의 신전에서 제사를 드렸습니다. 신의를 저버린 부부 관계는 남과 같이 되었습니다. 부부 관계가 남이 되면 훨씬 더 어려워집니다. 본래 몰랐던 사이보다 더 나빠져서 원수처럼 지내기도 합니다. 그런데 하나님은 그렇지 않으셨습니다. 하나님께서는 자신을 버린 이스라엘을 향해 다음과 같이 말씀하셨습니다.

> 에브라임이여 내가 어찌 너를 놓겠느냐 이스라엘이여 내가 어찌 너를 버리겠느냐 내가 어찌 너를 아드마 같이 놓겠느냐 어찌 너를 스보임 같이 두겠느냐 내 마음이 내 속에서 돌이키어 나의 긍휼이 온전히 불붙듯 하도다_호세아 11:8

> 내가 그들의 반역을 고치고 기쁘게 그들을 사랑하리니 나의 진노가 그에게서 떠났음이니라_호세아 14:4

부부 관계인 하나님과 이스라엘의 관계가 깨졌습니다. 부부같이 친밀했는데 이제는 남과 같이 되었습니다. 그런데 하나님께서 말씀하십니다. 하나님을 아는 것으로 돌이킬 수 있다고 말입니다. 우리도 주님과의 관계가 깨졌을 때 〈호세아서〉 말씀은 귀한 교훈을 줍니다. 주님과 관계가 소원해졌을 때도 주님은 우리에게 "내가 어찌 너를 놓겠느냐 내가 어찌 너를 버리겠느냐"라고 말씀하십니다. 그러면서 하나님을 아는 것부터 다시 시작하라고 말씀하십니다. 우리가 여호와를 힘써 알면 매일 어둠을 뚫고 나오는 새벽빛같이 하나님께서는 우리에게 임하실 것입니다.

> 그러므로 우리가 여호와를 알자 힘써 여호와를 알자 그의 나타나심은 새벽 빛 같이 어김없나니 비와 같이, 땅을 적시는 늦은 비와 같이 우리에게 임하시리라 하니라_호세아 6:3

○ 삶을 통해 나타내라

〈호세아서〉의 말씀은 크게 두 부분으로 나눌 수 있습니다. 1장부터 3장까지는 호세아의 삶에 있었던 이야기를 주로 담고 있고, 4장부터 끝까지는 하나님의 말씀을 선포하고 있습니다. 여기서 호세아의 개인적인 삶의 이야기 즉 호세아가 살아가는 이야기가 담긴 3장까지의 말씀은 하나님을 아는 삶이 어떤 것인지 우리에게 잘 보여 주고 있습니다. 호세아는 특별한 예언자였는데 그의 아내도 특별했습니다. 하나님께서는 호세아에게 음란한 아내를 취하라고 이야기하십니다. 하나님의 부르심을 받은 예언자가 음란한 여인을 아내로 취하는 것은 큰 문제였습니다. 하나님을 섬기는 사람에게 맞지 않는 일이고, 율법에 합당한 것도 아니었습니다. 하지만 하나님께서 그렇게 하라고 말씀하십니다. 왜 그럴까요?

"너는 그 여인을 취하고 그 여인이 계속 음란한 일을 행할 때에도 계속 용서하고, 계속 받아 주고, 계속 함께하라."

이것은 하나님께서 이스라엘 백성을 향해 품은 마음이 무엇인지 호세아를 통해 드러내기 위함입니다. 호세아는 하나님의 말씀을 받았습니다. 그리고 하나님을 알기에 그 뜻에 순종하였습니다. 방탕한 이스라엘 백성을 계속 용납하시는 하나님의 마음을 품고 그것을 삶으로 살아 내기 위해 노력한 것입니다.

뿐만 아니라 호세아는 세 명의 자녀가 있었는데 자녀를 낳을 때마다 하나님께서는 그 자녀의 이름을 지어 주셨습니다. 첫 번째 자녀 이름은 '이스르엘'로 지으라 하셨습니다. '이스르엘'은 본래 지명입니다.

호세아가 말씀을 선포할 당시 이스라엘 왕은 여로보암 2세였는데, 그는 예후 왕조에 속한 사람입니다. 이스르엘은 예후 왕조가 탄생한 곳입니다. 그런데 예후 왕조의 출발은 아름답지 않았습니다. 왜냐하면 이스르엘에서는 피가 낭자한 사건이 있었기 때문입니다. 예후는 하나님 앞에서 그릇 행하는 아합 가문의 왕 요람을 죽였고, 이스라엘에 있는 바알 숭배자를 처단하는 피의 혁명을 일으켰습니다. 많은 사람이 죽고 예후 왕조가 시작되었습니다.

그런데 하나님께서는 피의 혁명이 있었던 이스르엘을 아들의 이름으로 하라고 말씀하십니다. 바알을 섬기던 백성들이 모두 죽은 것 같이 지금 우상 숭배가 만연한 이스라엘도 곧 이처럼 심판받을 것이란 메시지입니다. 호세아는 아들의 이름으로 하나님의 말씀을 전합니다. 하나님의 마음을 전합니다.

둘째 딸의 이름은 '로루하마'였습니다. 이는 '긍휼히 여김을 받지 못한다'라는 뜻입니다. 딸의 이름을 이렇게 지은 것은 하나님께서 이제까지 많은 시간 동안 긍휼로써 이스라엘을 참아 주셨지만 이제는 이스라엘의 몰락과 파멸이 눈앞에 다가왔음을 가르쳐 주는 것입니다. 둘째 딸의 이름을 통하여 "더 이상 긍휼이 없을 것이다"라는 하나님의 마음을 호세아는 이스라엘 백성에게 전했습니다.

하나님께서 셋째 아들의 이름은 '로암미'로 지으라 말씀하셨습니다. '로'는 '아니다'라는 뜻이고 '암미'는 내 백성이라는 뜻입니다. 하나님께서 이스라엘 백성을 택해 출애굽하여 결혼 생활을 시작하셨습니다. 하나님께서는 이스라엘 백성을 출애굽시킬 때 '내 백성'이라고 칭하셨습니다. 〈출애굽기〉 3장을 보면, 하나님께서 호렙산 떨기나무 가운데 나타나셔서 모세에게 이스라엘 백성을 구하라고 말씀하실 때도 '내 백성'이라고 칭하셨습니다. 그런데 이제는 '로암미', 내 백성이 아니라는 것입니다.

"너희는 더 이상 나에게 선택받은 백성이 아니다. 너희는 더 이상 나와 동행하는 사람이 아니고, 더 이상 내게 복 받는 사람이 아니다."

셋째 아들의 이름을 통해 하나님께서는 이것을 나타내셨습니다. 하나님의 백성이 이제는 더 이상 하나님의 백성이라 불리지 못할 위기에 놓인 것입니다.

호세아의 삶은 그가 깨달은 하나님의 마음, 그가 들은 하나님의 음성을 나타내는 상징이었습니다. 입으로만 선포하는 것이 아니라 자신의 아내와 자녀를 통해 삶으로 하나님의 뜻을 선포했던 것입니다.

> 나는 인애를 원하고 제사를 원하지 아니하며 번제보다 하나님을 아는 것을 원하노라_호세아 6:6

하나님은 이스라엘 백성이 마음은 다른 곳에 있는데 몸만 와서 제사하는 것을 기뻐하지 않으셨습니다. 마치 오늘날로 이야기하면 부부 사이에 서로 마음은 떠났지만 여전히 한 집에 살며 남편은 살림할 생활비를 주고 아내는 밥을 해주는 것과 다를 바 없습니다. 하나님은 그것을 원하지 않습니다. 겉모습만으로 하나님을 섬기는 것은 아무 소용이 없습니다. 왜냐하면 성경에서 '안다'는 것은 지식적인 앎을 넘어서 겉과 속이 온전한 존재로서 하나님을 아는 것을 말하기 때문입니다.

그래서 하나님은 호세아를 통하여 말씀하십니다. 하나님을 아는 것이 회복의 열쇠라고 말입니다.

깨어진 관계를 회복하는 열쇠는 하나님을 아는 것, 그래서 전심으로 사랑하는 것뿐입니다. 또 그러한 마음은 우리의 삶을 통하여 드러나야 합니다. 아는 것에 머무르지 말고, 삶 전체를 통해 보여 주는 자가 되어야 합니다. 진짜 하나님을 아는 것은 이와 같은 것입니다. 나 혼자 알고 은혜받고 끝나는 것이 아니라 우리의 삶을 통해 하나님을 나타내고, 하나님의 뜻을 전하는 것입니다.

참된 열쇠

유다를 향해 하나님의 마음과 뜻을 선포한 이사야

〈이사야서〉는 성경에 있는 16권의 예언서 중에 가장 첫자리에 위치하고 있습니다. 또 구약 성경에서 가장 많은 장으로 이뤄져 있습니다. 이사야는 하나님께서 남쪽 유다에 첫 번째로 세우신 예언자입니다. 이사야는 그 이름이 참 특별합니다.

'이사'가 "구원하신다"라는 뜻이고, 뒤에 있는 '야'가 '야훼' 즉 하나님을 뜻합니다. 그래서 '이사야'라고 하면 "하나님께서 구원하신다"라는 뜻이 담겨 있습니다.

하나님께서 남쪽 나라 유다를 위해 세운 이사야는 출신부터 예사롭지 않습니다. 〈이사야서〉 7장, 8장, 22장을 보면 이사야는 왕에게 직접 나아가 이야기할 수 있는 사람이었습니다. 왕궁에 있는 고위 관료와 대화할 수 있는 사람이었고, 궁중에서 일어나는 비밀스러운 일도 다 알고 있었습니다. 그러니 이사야가 하나님의 부르심을 받기 전에는 귀족 출신이나 예루살렘에서 성장한 고위 관료였을 것이라 추정할 수 있습니다. 그는 귀족 관료였는데 하나님의 부르심을 받았습니다. 그러고 나서 유다를 향한 하나님의 마음과 뜻을 선포합니다. 이사야 예언자를 통해 주께서 유다 백성에게 주신 말씀은 우리에게도 동일하게 주시는 말씀입니다. 그리고 그 말씀을 통해 진정 "여호와께서 구원하신다"라는 고백이 우리 삶에도 넘치기를 소망합니다.

○ 하나님께 귀를 기울이라

이사야 예언자가 유다에서 말씀을 전할 때 이스라엘 백성에게 큰일이 생깁니다. 그것은 북왕국 이스라엘이 멸망하는 사건입니다. 본래 북 이스라엘과 남 유다는 한 나라였습니다. 그런데 솔로몬이 죽고 나서 그의 아들 때에 나라가 둘로 나뉘었습니다. 두 나라는 사이가 안 좋을 때가 많았지만 그래도 자신들은 형제이자 하나님께서 택하신 백성이라는 마음이 있었습니다.

그런 이스라엘이 당시 강대국이었던 앗수르에 의해 멸망당하자 남쪽에 있는 유다의 백성은 하나님의 나라가 어떻게 이방 나라에 의해 망하는지 큰 충격에 휩싸였습니다. 그러면서 다른 한편으론 유다 백성은 "북쪽에 있는 동포는 멸망할 만했어. 그들은 하나님을 제대로 섬기지 않았으니까. 하지만 우리는 예루살렘 성전이 있으니 북쪽에 있는 사람들과 다를 거야"라고 생각했습니다. 그런데 이스라엘 백성도 하나님을 예배하고, 하나님께 제물을 바치고, 하나님을 섬기는 사람들이었습니다. 그런 그들이 멸망하는 것을 보고도 유다 백성은 자신의 모습을 돌아보지 않았습니다.

우리도 유다 백성과 같은 마음으로 살 때가 있습니다. 특히 신앙생활을 오래한 사람일수록 그런 경우가 더 많습니다. 지금까지 신앙생활을 잘 해왔으니 나는 아무런 문제가 없다고 생각하는 것 말입니다. 그러한 유다 백성에게 하나님께서는 이사야를 세워 말씀하십니다.

이사야에게는 두 아들이 있었습니다. 첫 번째 아들은 '스알야숩'이고, 두 번째 아들은 '마헬살랄하스바스'였습니다. 스알야숩은 "남은 자는 돌아오리라"는 뜻이고 '마헬살랄하스바스'는 "급히 노략하고 빨리 약탈하라"는 뜻입니다. 유다의 멸망이 가까이 왔기에 곧 다른 나라가 유다를 급히 노략하고, 빨리 약탈할 것이라는 말입니다. 또 유다가 멸망당하면 백성은 흩어질 것이고, 그 가운데 남은 자만 돌아오게 될 것이라는 메시지였습니다. 그리고 하나님의 말씀이 너희 앞에 있으니 이것을 들으라고 말씀하십니다.

이사야가 살았던 시대는 위기의 시대, 불안한 시대였습니다. 주변에 있던 강대국들이 일어서기 시작했습니다. 동북쪽에는 앗수르가 있고, 동쪽에는 바벨론이, 서남쪽에는 이집트가 세력을 떨치고 일어나 영토를 확장할 때 그 한가운데 있던 이스라엘과 유다는 불안한 상황이었습니다. 주변 국가는 호시탐탐 기회를 노리다가 어서 빨리 두 나라를 점령해 세력을 확장하려고 혈안이 되어 있었습니다.

그런데 그때에 하나님께서는 "너희는 내 말을 들으라" 하고 말하십니다. 위기의 시대에 너희는 나에게 집중하고 내 말을 듣는 사람이 되라는 것입니다. 우리가 살면서 위기는 어느 때나 있습니다. 힘든 일도 생깁니다. 우리나라가 지금 어려운 때를 지나고 있다고 말하지만 그것 역시 예전부터 늘 있었던 일입니다. 어떠한 상황에서나 우리는 하나님의 말씀을 기억해야 합니다.

"하나님의 말씀을 듣고 다시 너희의 삶을 돌이키라!"

○ 하나님을 굳게 믿으라

웃시야의 손자요 요담의 아들인 유다의 아하스 왕 때에 아람의 르신 왕과 르말리야의 아들 이스라엘의 베가 왕이 올라와서 예루살렘을 쳤으나 능히 이기지 못하니라_이사야 7:1

이스라엘과 아람이 유다를 쳐들어왔습니다. 앗수르는 강대하게 일어나서 그 영토를 계속 확장하고 있었습니다. 당시 앗수르 왕은 디글랏 빌레셋 3세였는데 그는 매해 봄마다 군사 원정을 떠나서 영토를 점차 넓혀 갔습니다. 이스라엘과 유다가 있는 곳은 앗수르로부터 먼 곳이었지만 차츰 영토를 넓혀가는 디글랏 빌레셋에게 언제 공격당할지 알 수 없었습니다. 그래서 그 지역에 있던 강대한 두 나라 이스라엘과 아람이 연합합니다. 그러고 나서 앗수르가 언제 쳐들어올지 모르는데 같이 힘을 합할 나라가 또 없을까 찾다가 유다에게 제안했습니다. 유다는 앗수르가 대세인데 거스르고 싶지 않다며 연합군의 제안을 거절합니다. 그러자 이스라엘과 아람은 유다를 강제로라도 연합하도록 하려고 쳐들어갔습니다. 이것이 바로 〈이사야서〉 7장의 배경입니다. 한 나라만 대적하는 것도 버거운데 두 나라가 같이 연합하여 쳐들어왔으니 유다는 참으로 난리가 났습니다. 어떻게 할 줄 몰랐습니다.

> 어떤 사람이 다윗의 집에 알려 이르되 아람이 에브라임과 동맹하였다 하였으므로 왕의 마음과 그의 백성의 마음이 숲이 바람에 흔들림 같이 흔들렸더라_이사야 7:2

당시 유다의 왕은 아하스였습니다. 아하스는 왕으로서 이러한 상황을 어떻게 극복할지 궁리했습니다. 하지만 왕의 마음은 나뭇잎이 바람에 흔들리는 것처럼 이리저리 흔들려 갈피를 잡지 못하고 있었습니다. 그때 이사야가 아하스를 찾아갑니다.

그에게 이르기를 너는 삼가며 조용하라 르신과 아람과 르말리야의 아들이 심히 노할지라도 이들은 연기 나는 두 부지깽이 그루터기에 불과하니 두려워하지 말며 낙심하지 말라_이사야 7:4

부지깽이는 불을 피우는데 쓰는 나무입니다. 예전에는 아궁이에 불을 피워서 밥하고 방도 데웠습니다. 그때 나무를 아궁이 속으로 밀어 넣을 도구가 필요합니다. 그 도구가 부지깽이인데, 불에 잘 타지 않을 것 같은 나무를 골라서 씁니다. 그런데 아무리 불에 타지 않을 것 같은 나무를 골라도 어느 틈엔가 부지깽이는 점점 짧아집니다. 점점 짧아지다가 끝에는 부지깽이도 땔감으로 던지게 됩니다.

이스라엘과 아람은 아주 강한 나라로서 유다를 압박하기 위해 쳐들어왔습니다. 그런데 하나님께서는 이들이 연기 나는 부지깽이와 같다고 말하십니다. 연기가 난다는 것은 지금 불이 붙었다는 이야기고 그러면 얼마 되지 않아서 부지깽이가 그 효용을 다할 것이니 두려워하지 말고 조용히 있으라는 것입니다.

이사야를 통해 아하스 왕은 하나님의 말씀을 듣습니다. 그런데 아하스 왕은 말씀대로 행하지 못합니다. 어떻게 난관을 타개할까 고민하다가 앗수르에게 손을 내밀게 됩니다. 결국 앗수르가 와서 이스라엘과 아람을 물리쳐 주지만 유다는 그때부터 앗수르에게 조공을 바치는 속국과 같은 신세가 되었습니다.

어려울 때 사람의 말을 따르지 않고 조용히 있는 것이 얼마나 어려운 일인지 모릅니다. 곧 무서운 일이 닥칠 것 같아 마음이 힘듭니다. 근심과 불안이 찾아와 가만히 있을 수 없게 만듭니다. 아니, 나는 가만히 있으려 해도 주변에서 가만히 두지 않습니다. 그러한 아하스 왕에게 하나님께서 하시는 말씀이 이것입니다.

> 에브라임의 머리는 사마리아요 사마리아의 머리는 르말리야의 아들이니라 만일 너희가 굳게 믿지 아니하면 너희는 굳게 서지 못하리라 하시니라_이사야 7:9

지금은 바람에 이리저리 흔들리는 나뭇잎처럼 갈피를 잡지 못하고 있지만, 굳게 믿으면 굳게 설 수 있습니다. 힘들고 어려운 일을 당할 때 우리는 이것을 기억해야 합니다. 주의 말씀을 들었으면 이제 우리는 굳게 믿어야 합니다. 굳게 믿지 못하는 것은 하나님 앞에 잘못된 것입니다. 이사야는 굳게 믿지 못하는 것이 '교만' 때문이라고 말합니다. 하나님 없이 해결해 보려는 것이 바로 교만한 마음이기 때문입니다. 우리의 계획이 아무리 정교하고 정확해도 하나님 앞에서는 교만이요, 그릇된 것입니다. 하물며 하나님께서 굳게 믿고 있으라고 하시는데 마음이 바람에 흔들리는 나뭇잎과 같다면 그것 역시 하나님 앞에 교만과 같은 죄입니다.

우리는 이사야를 통하여 선포된 이 말씀을 기억해야 합니다. 힘들고 어려울 때 굳게 믿어야 합니다. 인간적인 생각이나 계획, 다른 방

편보다 하나님께서 우리에게 주시는 말씀을 굳게 믿어야 합니다. 굳게 믿으면 굳게 설 수 있지만 굳게 믿지 아니하면 굳게 서지 못합니다. 유다는 굳게 믿지 못했기 때문에 굳게 서지 못했습니다. 나라는 어찌어찌 보존했지만 독립국으로서의 모든 힘을 잃어버렸습니다. 그들이 굳게 믿었다면 히스기야 왕 때처럼 하나님께서 물리쳐 주셨을 것이고, 예전과 같이 하나님의 뜻을 헤아리는 나라로 설 수 있었을 것입니다.

이 땅을 살아가는 참된 지혜가 무엇입니까? 우리에게 막힌 문이 있으면 그 문을 여는 것이고, 얽힌 것이 있으면 그것을 푸는 것입니다. 우리는 막힌 문을 만나면 내 힘으로 열기 위해 동분서주합니다. 때로는 다른 사람에게 힘을 빌려 해결하려고 합니다. 그러다가 모든 것이 다 안 되면 낙망하여 포기합니다.

하지만 이사야를 통하여 우리에게 주시는 말씀은 무엇입니까? 하나님만이 막힌 문을 여는 참된 열쇠라는 것입니다. 하나님만이 우리의 막힌 문을 열 수 있고, 하나님만이 얽힌 문제를 풀 수 있습니다. 우리의 머리로 짜내는 방법이나 세상을 의지하는 마음은 참된 열쇠가 아닙니다. 다른 열쇠를 찾지 마시고 하나님의 말씀을 믿고 굳게 서십시오. 흔들리지 마십시오. 그러면 하나님의 구원의 역사가 우리 가운데 반드시 이루어질 것입니다.

희망

하나님의 구원을 선포한 이사야

한국에 사는 70~80대 어르신을 일컬어 역전에 세대, 기적의 세대라고 부릅니다. 살면서 한 번 겪기도 어려운 일을 이들은 여러 번 겪으셨기 때문입니다. 일제 시대와 광복을 겪었고, 한국 전쟁을 이겨 냈고, 그 이후에 우리나라가 발전하면서 생긴 많은 일을 몸소 경험하며 살아왔습니다. 그러한 경험은 그들의 삶에 큰 영향을 미쳤습니다.

이사야도 인생에서 세 번의 큰 고난을 경험했습니다. 첫 번째는 시리아 에브라임 전쟁입니다. 유다에 있었던 이사야와 백성을 향해서 북쪽에 있던 이스라엘과 아람이 연합하여 쳐들어왔습니다. 전쟁의 소용돌이 가운데 들어갔고 도저히 이길 수가 없어 외부에 손을 내미는 일까지 생겼습니다.

큰 전쟁 하나만으로도 힘들었을 텐데 그로부터 약 10년이 지난 722년에 이사야는 또 한 번의 큰일을 겪습니다. 그것은 바로 북왕국 이스라엘의 멸망이었습니다. 이사야가 사는 곳은 남쪽이었지만 형제나라였던 북쪽 왕국이 무너지는 것을 보면서 큰 충격을 받습니다. 그리고 그것은 정신적인 충격만이 아니라 실제 그의 삶에도 큰 변화를 가져왔습니다. 앗수르가 북쪽에 있는 이스라엘을 점령하여 자기 땅으로 삼자 그곳에 있던 많은 사람은 남쪽으로 피난을 갔습니다. 유다는 본래 형제였던 이스라엘 백성이 피난민으로 오게 되자 그들의 아픔과 고통을 이웃으로서 같이 겪었습니다.

그것으로 끝이 아니었습니다. 약 20년이 지난 뒤, 유다는 다시 한 번 큰 사건을 경험하게 되는데 그것은 북쪽의 형제 나라를 멸망시켰던 앗수르가 이제 유다까지 쳐들어온 것입니다. 유다의 성읍이 모두 폐허가 되었습니다. 예루살렘만 간신히 남았습니다. 그러한 상황에서 하나님께서는 이사야를 통해 하나님의 백성에게 말씀을 주십니다.

○ 주관자는 하나님이시다

기원전 701년, 유다에 큰일이 생겼습니다. 유다가 전에는 경험한 적 없는 아주 심각한 일이었습니다. 본래 유다는 앗수르의 영향권 아래 있었습니다. 그래서 앗수르가 유다를 좌지우지했습니다. 신실한 왕 히스기야는 하나님 나라 백성이 이방 나라에게 휘둘리는 것이 싫었습니다. 때마침 앗수르가 왕이 바뀌면서 혼란에 빠지자 히스기야는 이것을 놓치지 않았습니다. 앗수르의 간섭에서 벗어나기 위해 바벨론과 애굽에 도움을 받으려고 손을 벌렸습니다. 두 나라의 도움을 받아 앗수르에 반기를 들고 더 이상 간섭을 받지 않겠다고 선포했습니다. 당시 앗수르의 왕은 산헤립이었습니다. 산헤립은 혼란스러운 정세를 금세 수습하고 다시 유다에 눈길을 돌렸습니다. 혼란한 틈을 타서 반기를 든 유다를 가만 두려 하지 않았습니다.

예루살렘은 유다의 가장 큰 도시였고, 두 번째 큰 도시가 라기스였습니다. 예루살렘은 북쪽에 있고, 라기스는 남쪽에 있었습니다. 마치 우리나라로 비교하면 서울과 부산 정도로 여길 수 있는 두 도시가 예루살렘과 라기스였습니다. 유다를 철저하게 짓밟았던 산헤립은 라기스를 함락시켰습니다. 그리고 예루살렘을 공격하기 위한 근거지로 삼았습니다. 당시 라기스를 함락시킨 것은 앗수르에게 큰 자랑이었습니다. 그래서 산헤립은 궁전을 새로 지을 때 전쟁에서 자기가 이룬 공적을 기록하고 라기스의 함락을 그림으로 그려 넣었습니다.

얼마 전, IS가 고대 유물을 망가뜨리고 있다는 뉴스를 보았습니다. 그 왕궁이 있던 도시입니다. 거기에는 산헤립의 앗수르 왕이 유다를 얼마나 철저하게 유린했는지 그리고 공격하는 기세가 얼마나 막강했는지 표현하고 있습니다. 유다의 모든 도시와 성읍을 다 정복한 후에 예루살렘만 남았습니다. 이제 산헤립의 칼끝은 예루살렘을 향했습니다. 앗수르의 군대가 다 올라가서 예루살렘 성을 포위했습니다. 그리고 항복하라고 소리 질렀습니다. 당시 산헤립의 왕궁 기록에서는 예루살렘에 있는 히스기야에게 "내가 그를 새장의 새같이 가두었다"라고 말합니다. 마치 새장에 새를 가둔 것 같이 예루살렘을 포위한 것입니다. 예루살렘은 역사상 가장 위험한 순간을 맞이했습니다.

> 딸 시온은 포도원의 망대 같이, 참외밭의 원두막 같이, 에워 싸인 성읍 같이 겨우 남았도다_이사야 1:8

하나님의 성전이 있는 시온이 무너져 포도원의 망대나 참외밭의 원두막만 하나 덩그러니 남은 것처럼 되었습니다. 에워싸인 성읍과 같이 아주 위태한 상황이라고 말하고 있습니다. 이제는 전쟁을 대비해 성에 비축해 놓은 먹을 것과 물자도 거의 떨어졌고, 예루살렘과 주민들은 죽을 날만 바라보는 신세가 되었습니다. 백성들은 생각했습니다.

"우리 하나님의 힘이 여기까지구나. 하나님을 믿지 않는 앗수르 군대에는 아무런 힘을 미치지 못하시는가 보다. 이제는 다 끝났다."

그때 히스기야는 하나님께 기도합니다. 그리고 그 기도에 따라 놀라운 역사가 나타납니다. 이스라엘 군대가 예루살렘 성 밖으로 나가서 싸운 것도 아닌데 앗수르 진영에서 자중지란이 일어나고 또 본국에는 급한 일이 생겨 군대가 스스로 예루살렘 포위를 풀고 돌아간 것이었습니다. 당연히 유다 예루살렘이 함락될 것이라고 여겼던 그때 하나님은 이와 같이 역사하셨습니다. 그러고 나서 말씀하십니다.

"내가 만물을 창조하고 다스리는 주관자다."

이스라엘 백성은 항상 말씀을 가까이하고, 그 말씀을 암송해 왔기 때문에 하나님께서 만물의 주관자임을 알고 있었습니다. 그런데 정말 중요한 때, 가장 시급할 때 우리에게 이야기하시는 것이 바로 이것입니다. 하나님은 믿는 자뿐 아니라 믿지 않는 자, 교회뿐 아니라 온 세상을 주관하는 분이십니다. 우리가 이 기초를 든든히 세워야 합니다. 그리고 이것을 붙잡고 의지하는 우리가 되기 원합니다.

○ 하나님의 능력으로

앗수르가 무너지고 유다는 하나님의 기적적인 개입으로 구원을 받았습니다. 그런데 이 놀라운 예루살렘의 구원 사건을 경험했음에도 불구하고 이사야는 유다와 예루살렘을 이미 멸망한 소돔과 고모라에 비교합니다.

만군의 여호와께서 우리를 위하여 생존자를 조금 남겨 두지 아니하셨더면 우리가 소돔 같고 고모라와 같았으리로다 너희 소돔의 관원들아 여호와의 말씀을 들을지어다 너희 고모라의 백성아 우리 하나님의 법에 귀를 기울일지어다 여호와께서 말씀하시되 너희의 무수한 제물이 내게 무엇이 유익하뇨 나는 숫양의 번제와 살진 짐승의 기름에 배불렀고 나는 수송아지나 어린 양이나 숫염소의 피를 기뻐하지 아니하노라_이사야 1:9-11

유다와 예루살렘이 소돔과 고모라와 같기 때문에 곧 심판이 올 것이라는 말이었습니다. 당시 예루살렘의 상황은 아주 심각했습니다. 특히 〈이사야서〉 6장은 이사야가 하나님의 부름을 받은 소명의 장입니다. 거기에 보면 하나님께서 저 천상에서 이사야를 향해 이렇게 말합니다.

"내가 누구를 보내며 누가 우리를 위하여 갈꼬"

이 말씀에 이사야 예언자는 "내가 여기에 있나이다 나를 보내소서"라고 대답합니다. 이 말씀이 전해진 상황은 좋지 않았습니다. 하나님께서 보내실 만한 사람, 하나님을 위하여 갈 만한 사람, 하나님께서 가라고 명하실 만한 사람을 찾아볼 수 없었던 것입니다. 그래서 천상의 존재가 다 모여서 도대체 누구를 보내면 좋을지 대책 회의를 할 만큼 심각했습니다. 그러니 이들에게 남은 것은 하나님의 심판밖에 없었습니다. 하나님 앞에서 온 백성이 죄를 짓고 있었기 때문에 이들을 기다리는 것은 진노와 심판뿐이었습니다.

주 여호와 이스라엘의 거룩하신 이가 이같이 말씀하시되 너희가 돌이켜 조용히 있어야 구원을 얻을 것이요 잠잠하고 신뢰하여야 힘을 얻을 것이거늘 너희가 원하지 아니하고_이사야 30:15

여호와께서 이르시되 가서 이 백성에게 이르기를 너희가 듣기는 들어도 깨닫지 못할 것이요 보기는 보아도 알지 못하리라 하여 이 백성의 마음을 둔하게 하며 그들의 귀가 막히고 그들의 눈이 감기게 하라 염려하건대 그들이 눈으로 보고 귀로 듣고 마음으로 깨닫고 다시 돌아와 고침을 받을까 하노라 하시기로_이사야 6:9-10

이 말씀을 선포하는 이사야의 마음이 어떠했을까요? 사실 예언자는 세상적인 관점으로 보면 참 불쌍한 사람입니다. 그들은 자신이 하는 일이 실패할 일, 되지 않을 일임을 알고 있었기 때문입니다. 그런데 실패할 것을 알면서도, 안 될 것을 알면서도, 그들은 왜 그 일을 할 수밖에 없었을까요? 그것은 바로 그들에게 주어진 하나님의 말씀 때문이었습니다. 이 백성이 하나님 앞에 그릇 행하여서 멸망당한 소돔과 고모라와 같이 될지라도, 이 백성을 위하여 갈 자가 필요했던 것입니다.

그 중에 십분의 일이 아직 남아 있을지라도 이것도 황폐하게 될 것이나 밤나무와 상수리나무가 베임을 당하여도 그 그루터기는 남아 있는

것 같이 거룩한 씨가 이 땅의 그루터기니라 하시더라_이사야 6:13

이것이 하나님의 마음입니다. 유다 백성이 나무의 베임과 같이 하나님의 심판을 받고 이제 그 남아 있는 그루터기가 너무나 초라해서 예전에 풍성하던 나무의 모습을 전혀 그릴 수 없고 덧없이 보여도 그 속에 하나님의 희망이 있습니다. 이제는 그루터기만이 초라하게 남아 옛 영광의 모습은 사라졌지만 다시금 그루터기에서 사방으로 가지가 뻗어 나오고 싹이 돋아날 것입니다. 그리고 그것이 하나님께서 일으키실 희망의 기초가 될 것입니다.

흑암에 행하던 백성이 큰 빛을 보고 사망의 그늘진 땅에 거주하던 자에게 빛이 비치도다_이사야 9:2

때로는 우리에게도 시험이 닥칩니다. 그것이 하나님의 심판같이 우리를 다 무너뜨려서 남은 것 없이 초라한 지경이 될 수도 있습니다. 그런데 하나님의 마음과 역사는 결코 심판과 징벌에 있지 아니합니다. 무너진 곳에서 다시 싹이 나오고, 빛이 비추고, 생명이 주어지는 역사가 있습니다. 그래서 이사야는 우리에게 선포합니다.

"하나님은 구원하시는 분이시다. 하나님은 구원하시는 분이시다."

예언자는 심판을 선포하지만 그것이 끝이 아니라 하나님은 우리를 구원하시는 분이심을 가르쳐 줍니다.

그러므로 주 여호와께서 이같이 이르시되 보라 내가 한 돌을 시온에 두어 기초를 삼았노니 곧 시험한 돌이요 귀하고 견고한 기촛돌이라 그것을 믿는 이는 다급하게 되지 아니하리로다_이사야 28:16

시온은 본래 웅장하고 화려했던 하나님의 전이었습니다. 그런데 그 시온이 이제는 돌 하나밖에 남지 않았습니다. 그래서 그 돌을 시험한 돌이라고 부릅니다. 그런데 그것이 끝이 아닙니다. 하나님은 그것을 귀한 주춧돌로 삼으십니다. 무너져서 이리저리 굴러다니는 버려진 돌로 두지 않으시고, 그것을 귀하고 견고한 주춧돌로 삼으십니다.

하나님은 우리를 구원하는 분이십니다. 심판과 회복이 오로지 하나님께 달려있습니다. 살다 보면 우리의 삶 가운데 괴로운 일이 분명히 생깁니다. 그러한 일을 당했을 때 삶의 주관자이신 하나님을 붙잡고 믿음의 고백을 마음속에서 놓지 않는 우리가 되기를 주의 이름으로 축복합니다.

"하나님은 온 세상을 주관하시는 분이십니다. 하나님은 구원의 하나님이십니다."

Prophets

3부

심판

08

타산지석

예루살렘에 심판의 말씀을 선포한 미가

아모스와 호세아는 북왕국 이스라엘에서 하나님의 말씀을 전했습니다. 그들은 비슷한 시기에 하나님의 부르심을 받아 한 사람은 정의를 이야기하고, 한 사람은 하나님의 사랑을 이야기했습니다. 그리고 시간이 지난 뒤, 하나님께서는 남쪽 나라에 또 다시 예언자를 세우십니다. 첫 번째 세운 예언자가 이사야였고, 두 번째 세운 예언자는 미가였습니다.

> 유다의 왕들 요담과 아하스와 히스기야 시대에 모레셋 사람 미가에게 임한 여호와의 말씀 곧 사마리아와 예루살렘에 관한 묵시라_미가 1:1

〈미가서〉는 미가가 하나님의 부르심을 받은 때를 이야기하며 시작합니다. 그런데 이 시대를 곰곰이 살펴보면 이사야가 하나님의 말씀을 선포하던 때와 비슷합니다. 성경에서는 이사야와 미가의 직업이 무엇인지, 어떤 사람인지 말해 주지 않습니다. 다만 그들의 말과 상황을 통해 우리가 유추할 뿐입니다. 이사야는 예루살렘에서 젊은 관료 혹은 귀족으로 지내다가 하나님의 부름을 받은 것으로 짐작됩니다. 또 미가는 모레셋 사람이라고 불립니다. 모레셋은 유다 구릉지에 있는 시골 마을입니다. 그런데 그곳에서 미가가 무엇을 하던 사람인지 성경은 말해 주지 않습니다. 하지만 미가의 말과 주변에서 일어나는 상황을 통해 유추할 수 있습니다.

미가는 하나님의 말씀을 선포할 때 "내 백성들아!"라는 말을 자주 사용합니다. 하나님의 말씀을 전할 때뿐 아니라 자신의 말을 할 때에도 여러 번 반복해서 사용합니다. 그런데 이 말은 마을의 유지나 장로가 주로 사용하는 관용적인 표현이었습니다. 마을을 이끌고 가는 어른이자 모든 결정권을 가진 장로가 주민들에게 이야기할 때 "내 백성들아"라고 말합니다. 그래서 미가는 아마 모레셋 지역의 장로일 것이라 짐작할 수 있습니다.

하나님께서는 예루살렘에서 가장 중요한 사람으로 이사야를 세웠고, 또 시골 마을에 최고 결정권자인 미가를 예언자로 삼았습니다. 이 두 사람을 통해 그 시대에 맞는 하나님의 말씀을 전하십니다.

우리는 시골 마을 어르신이라면 부드러운 말로 이야기할 거라 생각하기 쉽습니다. 인생 연륜이 있고, 나이도 많으니까 젊은 사람을 타이르듯이 부드럽게 감싸는 말을 해줄 것이라 기대합니다.

그런데 〈미가서〉를 보면 그렇지 않습니다. 미가는 하나님께서 이곳을 모두 갈아엎을 것이라는 심판의 말씀을 선포했습니다. 미가는 먼저 북왕국 이스라엘의 멸망을 선포했습니다. 그러고 나서 유다에게도 동일한 하나님의 심판이 임할 것이라고 선포합니다.

당시 북 이스라엘은 부강한 나라였습니다. 여러 가지 학문과 선진 기술이 발달한 나라였습니다. 그런데 그 나라가 앗수르에 멸망당하면서 북쪽 지역에 있던 사람들이 남쪽으로 내려왔습니다. 어떤 사람은 몸만 내려오기도 했습니다. 그런데 그 가운데는 북왕국에서 누리던 재산을 가지고 남쪽 왕국으로 온 사람도 있었습니다.

어느 나라든 인구가 적으면 힘을 쓰기 어렵습니다. 북 이스라엘이 남 유다보다 부강했던 이유 중 하나도 그것이었습니다. 북쪽에는 10지파가 모여 있었기 때문에 인구가 많았습니다. 남쪽은 두 지파밖에 없었기 때문에 인구가 적었습니다. 그런데 북 이스라엘이 멸망하고 수많은 유민이 남쪽으로 내려와서 남쪽 인구가 급격히 늘었습니다. 그뿐 아니라 그들이 오면서 북쪽에 있던 기술과 학문, 신앙도 그대로 가져왔기 때문에 남쪽 유다가 훨씬 부강하게 되었습니다.

게다가 기원전 701년, 앗수르 왕 산헤립의 침공을 이겨 내면서 이들은 확신을 갖게 되었습니다. 앗수르가 북 이스라엘을 멸망시키고 남쪽까지 쳐들어왔지만 결국 하나님이 계시는 예루살렘 성은 함락시키지 못하고 돌아가는 것을 보았습니다. 그 이후 유다의 백성들은 어떠한 상황에서도 하나님은 자신들을 보호하실 것이라 생각했습니다.

그런데 실제는 어떻습니까? 북왕국 이스라엘은 멸망했습니다. 북왕국 이스라엘도 하나님께 선택된 백성인데 이제는 흩어진 백성이 되었습니다. 그것을 보고 미가는 유다 백성에게 말합니다. 북쪽에 있는 동포에게 나타났던 일을 타산지석으로 삼으라고 말입니다. 구원과 심판은 모두 하나님께로부터 나옵니다. 그렇기 때문에 하나님 앞에서 자만할 수 있는 사람은 아무도 없습니다.

"나는 하나님의 백성이니 다 괜찮을 거야. 나는 구원받은 사람이니 다 잘 될 거야."

미가는 지금 이 순간 하나님 앞에 바로 서지 못한다면 이와 같은 생각을 갖지 말라고 말합니다. 하나님 앞에서 그릇된 안전 의식을 갖지 말라는 말입니다.

우리가 하나님의 백성이기에 큰 은혜를 주시는 것은 분명한 사실입니다. 그러나 거기에만 안주하고 신앙의 끈을 놓아버린다면, 하나님께로부터 심판이 올 것입니다. 오늘 미가는 우리에게 이것을 선포하고 있습니다.

하나님은 우리를 구원하시는 분이지만 동시에 우리를 심판하는 분이기도 합니다. 우리에게 좋은 것을 베푸시지만 또한 채찍을 드시기도 합니다. 그러므로 우리는 하나님 앞에서 항상 긴장의 끈을 놓지 말아야 합니다. 이스라엘과 유다 두 나라를 우리 삶의 교훈으로 삼아 그릇된 길로 가지 말아야 합니다.

○ **사람이 문제다**

미가는 하나님의 말씀을 전하면서 몇 가지 어려움을 겪었습니다. 그것은 하나님의 말씀을 잘못 전하는 거짓 예언자들 때문이었습니다. 미가는 하나님께서 이 땅을 심판하실 수도 있다고 말했습니다. 그런데 거짓 예언자들은 다르게 말합니다. 하나님이 우리를 축복하시니 아무런 염려할 필요가 없다고 말입니다.

전혀 다른 두 가지의 이야기가 있을 때 사람들은 듣기 좋은 것을 택합니다. 그래서 하나님의 말씀을 전하는 참 예언자는 어려움을 겪어야 했습니다.

> 그 때에 그들이 여호와께 부르짖을지라도 응답하지 아니하시고 그들의 행위가 악했던 만큼 그들 앞에 얼굴을 가리시리라 내 백성을 유혹하는 예언자들은 이에 물 것이 있으면 평강을 외치나 그 입에 무엇을 채워 주지 아니하는 자에게는 전쟁을 준비하는도다 이런 예언자에 대하여 여호와께서 이르시되 그러므로 너희가 밤을 만나리니 이상을 보

지 못할 것이요 어둠을 만나리니 점 치지 못하리라 하셨나니 이 예언자 위에는 해가 져서 낮이 캄캄할 것이라_미가 3:4-6

거짓 예언자가 처음부터 거짓말만 했던 것은 아닙니다. 말씀을 곰곰이 살펴보면 처음부터 참 예언자와 거짓 예언자가 갈라지는 것이 아니라 시간이 지나면서 사람들이 이 경계를 넘나들었음을 알 수 있습니다. 거짓 예언자는 자신에게 득이 되면 "너는 평안할 것이다. 너는 잘될 것이다. 너는 괜찮을 것이다"라고 이야기하고, 자신에게 이득이 될 게 없으면 '심판'을 이야기했습니다. 처음에는 하나님의 은혜가 있어서 말씀을 전하는 자로 살았지만, 점점 그 기준이 하나님이 아닌 자기 자신이 되면서 더 이상 하나님의 음성을 듣지 못하는 거짓 예언자가 되었던 것입니다.

내가 무엇을 가지고 여호와 앞에 나아가며 높으신 하나님께 경배할까 내가 번제물로 일 년 된 송아지를 가지고 그 앞에 나아갈까 여호와께서 천천의 숫양이나 만만의 강물 같은 기름을 기뻐하실까 내 허물을 위하여 내 맏아들을, 내 영혼의 죄로 말미암아 내 몸의 열매를 드릴까 사람아 주께서 선한 것이 무엇임을 네게 보이셨나니 여호와께서 네게 구하시는 것은 오직 정의를 행하며 인자를 사랑하며 겸손하게 네 하나님과 함께 행하는 것이 아니냐_미가 6:6-8

오늘 미가는 하나님의 마음을 우리에게 선포하고 있습니다. 하나님 앞에 문제가 되는 것은 우리가 일 년된 송아지와 같이 최고의 것을 드리지 못해서가 아닙니다. 천천이나 만만 같은 수많은 것을 드리지 못해서도 아닙니다. 유다 백성에게 심판의 메시지가 선포된 것은 그들이 정의를 행하지 않고, 인자를 사랑하지 않고, 하나님과 항상 동행하지 않았기 때문입니다. 우리는 하나님께서 원하시는 것을 드려야 합니다.

> 내가 여호와께 범죄하였으니 그의 진노를 당하려니와 마침내 주께서 나를 위하여 논쟁하시고 심판하시며 주께서 나를 인도하사 광명에 이르게 하시리니 내가 그의 공의를 보리로다_미가 7:9

하나님께서 우리를 회복시키시는 이유는 사랑하기 때문입니다. 성전이 있기 때문에 예루살렘을 회복하시는 것이 아닙니다. 하나님의 역사와 움직임은 언제나 사람을 중심으로 이루어집니다. 하나님이 미가를 통해 우리에게 다시 한 번 일깨워 주는 것이 바로 이것입니다. "자만하지 말라. 모든 것이 하나님께 있음을 기억하라. 구원과 심판이 모두 하나님께 있다는 것을 알고 긴장을 늦추지 말라. 또한 사람이 먼저다. 하나님이 기뻐하시는 삶, 하나님이 기뻐하시는 생활, 하나님이 기뻐하시는 행동, 하나님이 기뻐하시는 마음을 품으라."

여호와는 나의 위로

위로의 나눔과 사랑의 하박국

미국의 한 교회에서 말씀을 전하고 성도들과 이야기하는 시간이 있었습니다. 그때 한 성도가 "목사님 교회 홈페이지에서 보니 '하품 시옷'이 있던데 이게 무슨 뜻입니까?"라고 물었습니다. '하품인(人)'을 '하품 시옷'으로 본 것입니다.

'하품인(人)'은 '하나님을 품은 사람, 하나님을 품은 인생'의 줄임말이고 믿음의 선배, 특히 하나님께서 부르셨던 예언자의 삶을 통해 '우리도 하나님을 품은 사람이 되자'는 의미입니다.

앗수르가 강압적으로 하나님의 백성을 누르고 있던 기원전 700년 무렵 이스라엘 역사는 어두웠습니다. 이스라엘이 두 나라로 갈라진 뒤 북쪽에 있는 나라는 멸망했고, 남쪽에 있는 나라도 온전하지 못한 상황이었습니다. 앗수르가 하나님의 백성에게 쳐들어와서 북 이스라엘은 멸망시켰고 남 유다는 속국으로 삼았습니다.

유다는 완전히 멸망하지는 않았지만 나라의 주권을 거의 잃어 앗수르가 하라는 대로 할 수밖에 없는 상황이었습니다. 이것이 하나님의 심판이라고 성경은 이야기하고 있습니다. 하나님께서는 예언자를 계속 보내서 "너희가 돌이켜 하나님의 음성을 듣지 않으면 이같이 괴로운 시간이 임할 것이다"라고 이야기했습니다.

하지만 그 말을 듣지 않자 결국 하나님의 백성은 어려움에 처하게 되었습니다. 앗수르가 강압적으로 하나님의 백성을 누르고 있던 기원전 700년부터 650년 동안 예언자가 나타나지 않습니다. 하나님의 말씀이 들리지 않습니다. 하나님의 모습도 보이지 않습니다. 참으로 괴로운 시절을 지내고 있었습니다.

그 고통의 시절 끝에 나타난 두 명의 예언자가 있었습니다. 그들은 나훔과 하박국이라는 예언자입니다. 나훔과 하박국은 성경에 있지만 작은 책이라서 우리가 잘 보지 못하거나 이름은 들어봤어도 무슨 일을 한 사람인지는 잘 모르는 경우가 많습니다. 그런데 하나님께서 두 예언자를 통해 참으로 괴롭고 힘든 이스라엘 나라와 그 백성에게 말씀을 선포했습니다.

하나님께서 나훔이라는 예언자를 통해 선포한 말씀은 딱 한 곳을 위한 것이었습니다. 그것은 바로 니느웨라는 도시입니다. 니느웨는 앗수르 제국의 수도였습니다. 이 도시의 이름이 낯설지 않은 것은 요나가 물고기 뱃속에 들어갔다 나와서 하나님의 말씀을 선포한 곳이기 때문일 것입니다. 〈나훔서〉가 선포하는 말씀의 대상도 바로 니느웨 백성이었습니다.

나훔을 통해 당시 하나님의 백성을 괴롭히는 앗수르의 수도 니느웨를 향한 하나님의 말씀이 주어졌습니다. 나훔이라는 예언자의 이름은 하나님께서 그를 통해 우리에게 무엇을 선포해 주시고자 하는지 알려 줍니다.

나훔이라는 이름의 뜻은 바로 '위로'입니다. 나훔의 이름은 성경에 나오는 또 다른 인물과 비슷합니다. 그는 바로 느헤미야입니다. 느헤미야와 나훔은 전혀 다른 이름 같지만 사실 같은 말에서 나온 것입니다. 느헤미야에서 '느헴'은 '위로'라는 뜻이고, '이'는 '나', '야'는 '야훼 하나님'을 뜻합니다. 즉 느헤미야의 이름 뜻은 "여호와가 나의 위로가 되어 주신다"입니다. 느헴과 발음이 비슷한 나훔이라는 이름도 바로 '위로'라는 뜻입니다. 하나님께서는 나훔의 선포를 통해 이스라엘 백성에게 위로의 말씀을 전하길 원하셨습니다.

50년 동안 앗수르의 압제 가운데 신음하면서 이스라엘 백성에게는 하나님의 모습이 보이지 않았고, 그 음성도 들리지 않았습니다.

그래서 나훔은 가장 먼저 하나님이 그들에게 나타나신다는 사실을 이야기합니다. 〈나훔서〉는 하나님께서 친히 자신의 백성에게 나타나 보여 주시고 말씀하시는 것으로 시작됩니다. 고통의 시대에 하나님의 말씀이 들리지 않아 불안하고 답답할 때, 하나님께서 위로의 예언자 나훔을 통해 백성에게 나타나셔서 그분의 음성을 들려주시는 것입니다.

하나님께서 나타나셔서 하시는 말씀은 하나입니다.

> 여호와께서 이같이 말씀하시기를 그들이 비록 강하고 많을지라도 반드시 멸절을 당하리니 그가 없어지리라 내가 전에는 너를 괴롭혔으나 다시는 너를 괴롭히지 아니할 것이라_나훔 1:12

본래 앗수르는 하나님께서 이스라엘을 심판하시기 위해 사용한 도구였습니다. 하지만 아무리 앗수르가 하나님의 목적을 위해 사용되었다고 하더라도, 그들이 정복한 나라의 백성에게 행한 잔인함마저 정당화될 수는 없었습니다. 하나님의 의도를 벗어난 앗수르의 잔악함은 그들 스스로 짊어져야 할 책임이었던 것입니다. 당시 최고의 권력과 군사력을 휘두르며 주변 나라를 떨게 했던 앗수르도 하나님의 심판을 피할 수는 없습니다. 하나님은 인간이 이룰 수 있는 가장 강한 힘보다도 더 위에 계신 분이십니다.

이스라엘 백성이 애굽에서 종살이할 때 하나님 앞에 기도할 힘도 없었습니다. 〈출애굽기〉를 보면 애굽에서 노예 생활하던 이스라엘 백성이 할 수 있었던 것은 신음과 탄식뿐이었다고 말합니다. 고통 중에 울부짖었다고 말하고 있습니다. 그런데 그들의 신음 소리, 탄식 소리, 고통 가운데 울부짖는 소리를 하나님께서 들으셨습니다. 그래서 모세를 통하여 이스라엘 백성을 노예 생활에서 벗어나도록 하셨습니다. 모세가 하나님 앞에 스스로 나왔던 것이 아닙니다. 하나님께서 이스라엘 백성의 소리를 들으시고 친히 모세를 부르셔서 세우신 것입니다. 그 하나님께서 〈나훔서〉를 통해 이스라엘 백성과 유다 백성에게 똑같은 말씀을 하고 계십니다.

"너희가 참으로 고통 가운데 아무것도 보이지 않고 아무것도 들리지 않고 아무것도 깨닫지 못하고 신음하고 있느냐 내가 너희 소리를 다 듣고 있다. 내가 너희를 보고 있다. 내가 너희를 여전히 사랑한다."

성경은 왜 하나님께서 질투하는 분이 되셨는지 그 이유를 이렇게 말합니다. 하나님이 우리를 너무나 사랑하셔서, 우리를 향하여 뜨거운 열심을 갖고 계시기 때문이라는 것입니다. 비록 우리가 힘들고 어려워서 아무것도 보지 못하고, 아무것도 듣지 못하는 상황에 있다고 할지라도 하나님은 질투하시기까지 우리를 사랑하셔서 우리를 어루만지시고 우리의 소원을 이루십니다.

세상의 중심은 하나님입니다. 〈나훔서〉는 하나님께서 자신에게 피하는 자에게 선하신 분이고, 환난 날에 산성이 되시는 분이며, 모든 불의에 대해 보복하시고, 누구에게도 그분의 능력과 힘을 빼앗기지 않는 분이라고 말합니다.

힘들고 어려울 때 이것을 기억하기 바랍니다. 하나님의 위로가 우리에게 있습니다. 하나님은 결코 우리에게 귀를 닫고 계시지 않습니다. 하나님은 결코 우리에게 눈을 감고 계시지 않습니다. 하나님은 우리의 모든 소리를 들으시고, 모든 상황을 보고 있으시며, 그 가운데 사랑하는 우리를 위해 위로와 능력의 역사를 행하고 계십니다.

아무리 어려운 상황에서도 하나님은 우리를 살펴 주십니다. 우리를 위로해 주십니다. 우리를 위해 역사해 주십니다. 삶이 어려울 때 이같은 하나님의 위로를 경험하는 우리가 되기를 소망합니다.

○ **겸손한 마음**

나훔이 위로를 선포했다면 그 뒤를 이어 하나님의 말씀을 선포한 하박국은 어떤 말씀을 전했을까요?

하박국이라는 이름은 '손을 모으다', '껴안다'라는 동사에서 비롯되었습니다. 어떤 사람을 껴안을 때 그 사람의 등 뒤에서 우리의 손이 모입니다. 하박국이라는 이름은 하나님께서 우리를 그와 같이 껴안으시는 분, 품에 안으시는 분, 치료하고 힘을 주시는 분이라는 뜻을 담고 있습니다.

하나님께서는 나훔을 통해 앗수르도 하나님의 분명한 심판을 당할 것이라 전합니다. 그리고 그 일은 실제로 일어났습니다. 앗수르가 멸망했습니다. 니느웨가 함락되고 그 땅은 폐허가 되었습니다. 하나님께서 바벨론를 들어 앗수르를 무너뜨리셨습니다.

즉 하나님이 바벨론을 도구로 사용하셔서 하나님의 심판에 대한 예언을 이루어 주셨습니다. 그런데 이제 바벨론이 문제가 되었습니다. 나훔 때에는 앗수르 때문에 힘들었다면 하박국 때에는 하나님의 백성이 바벨론 때문에 힘들었습니다. 그러자 하나님께서는 하박국을 통해 바벨론을 향한 말씀을 전하고 있습니다. 하나님의 초점이 앗수르에서 바벨론으로 옮겨갔는데 하나님께서 행하신 일을 하박국은 다음과 같이 말하고 있습니다.

> 보라 내가 사납고 성급한 백성 곧 땅이 넓은 곳으로 다니며 자기의 소유가 아닌 거처들을 점령하는 갈대아 사람을 일으켰나니_하박국 1:6

> 그들은 자기들의 힘을 자기들의 신으로 삼는 자들이라 이에 바람 같이 급히 몰아 지나치게 행하여 범죄하리라_하박국 1:11

갈대아 사람은 바벨론 사람을 의미합니다. 사납고 성급한 바벨론 사람을 일으켜서 앗수르를 심판했습니다. 그런데 그들 역시 범죄하자 하나님께서는 하박국을 통해 이같이 말씀하신 것입니다.

바벨론이 하나님의 도구로 사용된 것은 온전히 하나님의 뜻과 선택으로 이루어진 일이었습니다. 그런데 그들은 남들보다 잘나서 그렇게 되었다고 생각했습니다. 하나님의 뜻을 잊고 내가 잘나서, 내가 뛰어나서 성공했다고 생각하는 순간 교만의 늪에 빠집니다. 바벨론도 마찬가지였습니다. 바벨론은 스스로가 강하고 잘나서 주변의 나라를 무너뜨린 것이라 생각했습니다.

결국 바벨론의 교만이 그들을 향한 하나님의 심판을 가져오게 만드는 결정적인 이유가 되었습니다. 내가 남들보다 한 발 앞서 나갈 때, 남들이 나를 향해 형통한 길을 걷는다고 말할 때, 우리는 더욱 겸손한 마음을 가져야 합니다.

> 그러나 내가 나 된 것은 하나님의 은혜로 된 것이니 내게 주신 그의 은혜가 헛되지 아니하여 내가 모든 사도보다 더 많이 수고하였으나 내가 한 것이 아니요 오직 나와 함께 하신 하나님의 은혜로라_고전 15:10

하박국은 다른 예언자와 달리 특별한 면이 있습니다. 우리가 이제까지 살펴 본 예언자는 자신의 일을 하다가 갑자기 하나님의 부르심을 받습니다. 이것이 예언자가 하나님의 부름을 받아서 쓰임받는 일반적인 방법이었습니다. 그런데 하박국은 하나님의 말씀을 기다리고 질문과 기도로 매달린 사람이었습니다. 하나님께서 그를 부르기 전에 그가 먼저 하나님 앞에 나아갔습니다.

어찌하여 내게 죄악을 보게 하시며 패역을 눈으로 보게 하시나이까
겁탈과 강포가 내 앞에 있고 변론과 분쟁이 일어났나이다_하박국 1:3

그리고 〈하박국서〉를 읽다 보면 다른 예언서와 다른 것이 또 있습니다. 다른 예언서는 하나님께서 들려주거나 보여 주시는 말씀을 받아 적었습니다. 그러나 〈하박국서〉는 하나님과 하박국이 서로 대화하고 있습니다. 아니 하박국이 하나님께 계속 되묻습니다.

"하나님! 이것은 어떻습니까? 왜 이렇습니까?"

우리가 살면서 하나님 앞에 말이 많아지는 때가 언제일까요? 하나님 앞에 질문이 많아지는 것은 좋은 때보다 힘들 때입니다. 좋은 때는 하나님이 주시는 말씀을 받아 적고 그것을 붙잡고 살아가면 됩니다. 그런데 힘들 때는 그것이 되지 않습니다.

"하나님! 내가 분명히 말씀대로 했는데 왜 이렇게 힘듭니까? 내가 하나님의 뜻대로 살고 있는데 괴로운 일이 왜 생깁니까? 하나님은 왜 나를 도와주지 않으십니까?"

하박국도 그랬습니다. 괴롭고 힘들었기 때문에 계속해서 하나님 앞에 나아가 이야기합니다. 그때 하나님께서 하박국을 향해 이렇게 말씀하십니다.

"내가 너희를 괴롭게 하는 바벨론를 분명히 심판할 것이다. 지금 너에게 있는 고통을 내가 결코 그냥 보아 넘기지 않을 것이다."

이 묵시는 정한 때가 있나니 그 종말이 속히 이르겠고 결코 거짓되지 아니하리라 비록 더딜지라도 기다리라 지체되지 않고 반드시 응하리라 보라 그의 마음은 교만하며 그 속에서 정직하지 못하나 의인은 그의 믿음으로 말미암아 살리라 _하박국 2:3-4

우리가 괴롭고 힘들 때 기억할 것은 하나님께서 분명히 그분의 역사를 이루시지만 정한 때가 있다는 것입니다.

또 "의인은 믿음으로 말미암아 살리라"고 하신 〈하박국〉 2장 4절 말씀은 〈로마서〉 1장 17절, 〈갈라디아서〉 3장 11절, 〈히브리서〉 10장 38절에 거듭 반복되어 나오고 있습니다. 왜냐하면 이것은 우리에게 참으로 중요한 말씀이기 때문입니다. 이 말씀과 똑같지는 않지만 예수님도 이 땅에 오셔서 이것을 거듭 말씀하셨습니다. 예수님 앞에 문제를 가져왔던 사람, 병을 갖고 왔던 사람에게 예수님께서 하신 말씀은 바로 이것이었습니다.

"너의 믿음이 너를 구원했다. 너의 믿음이 너를 살렸다."

이 말씀은 네가 믿음을 갖고 있기에 말씀처럼 네가 다시 살아날 것이라고 이야기하신 것입니다.

우리가 주님 앞에 기억해야 할 것이 바로 이것입니다. 믿음이 있어야 우리가 산다는 것입니다. 하나님께서 분명히 우리 가운데 역사를 이루어 주시는데 그것은 정한 때가 있고, 그 정한 때를 향한 소망이 있어야 우리가 믿음으로 살 수 있습니다.

사실 예언서에서 산다는 말은 드문 말입니다. 하나님께서 예언자를 통해 하신 말씀은 대부분 "심판할 것이다. 고통을 받을 것이다. 이제 죽을 것이다"라는 말씀이었습니다. 그런데 하박국을 통해 선포하는 말씀은 "살리라"는 메시지였습니다.

> 비록 무화과나무가 무성하지 못하며 포도나무에 열매가 없으며 감람나무에 소출이 없으며 밭에 먹을 것이 없으며 우리에 양이 없으며 외양간에 소가 없을지라도 나는 여호와로 말미암아 즐거워하며 나의 구원의 하나님으로 말미암아 기뻐하리로다 주 여호와는 나의 힘이시라 나의 발을 사슴과 같게 하사 나를 나의 높은 곳으로 다니게 하시리로다 이 노래는 지휘하는 사람을 위하여 내 수금에 맞춘 것이니라
>
> _하박국 3:17-19

지금은 아니지만 하나님의 때에 하나님이 이루실 것을 믿는 믿음이 있기에, 당장 열매가 없어도 우리는 기뻐할 수 있습니다. 하박국을 통해 주님께서 주시는 말씀이 바로 이것입니다.

"하나님께 집중하는 자는 믿음으로 살리라"

철학자 임마누엘 칸트는 사회적으로 살아가는 사람을 두 부류로 나누었습니다. 반사적으로 사는 사람과 응답적으로 사는 사람이 있다는 것입니다. 처음 볼 때는 똑같은 말같이 보입니다. 하지만 자세히 살펴보면 다릅니다.

누가 개의 꼬리를 밟으면 개가 어떻게 합니까? 개가 확 돌아서 그 밟은 발을 물려고 할 것입니다. 꼬리를 밟은 발이 주인이든 도둑이든 관계없이 무는 것이 반사적인 행동입니다. 그런데 응답적인 것은 조금 다릅니다. 사람이 많은 곳에 있다가 발을 밟혔다면 어떻게 할까요? 반사적인 사람은 거친 욕이 나올 것입니다. 그런데 응답적인 사람은 그렇지 않습니다. "아! 사람이 많아서 저 사람이 어쩔 수 없이 밀려서 내 발을 밟았는데 얼마나 무안할까?"라고 생각합니다. 외국에서는 발을 밟은 사람도 밟힌 사람도 똑같이 "Excuse Me"라고 이야기합니다. 즉 응답적인 사람은 반사적으로 행동하는 것이 아니라 상대의 입장에서 생각하고 말할 수 있습니다.

칸트는 사회적으로 잘 살아가는 사람, 좋은 관계를 맺는 사람은 응답적인 사람이라고 이야기합니다. 그런데 이것은 믿음에서도 똑같이 적용됩니다. 우리가 이 땅을 살면서 괴롭고 힘든 일이 있습니다. 참으로 눈 앞이 캄캄한 때가 있습니다. 그럴 때 반사적인 사람은 "하나님! 왜 이럽니까? 왜 나만 이렇게 힘드나요?"라고 불만을 토로합니다. 그런데 응답적인 사람은 어떠합니까? 나훔과 하박국처럼 나의 괴롭고 힘든 것 그 이상으로 나를 사랑하는 하나님도 같이 힘드시다는 것을 생각합니다. 또 하나님께서 정하신 때에 반드시 문제를 해결해 주실 거라 믿으며 이겨 나가는 신앙생활을 합니다.

당신은 이 땅에 살면서 어떤 사람이 되겠습니까? 반사적인 사람이 되겠습니까, 아니면 응답적인 사람이 되겠습니까? 힘들고 어려울 때 일수록 더욱 하나님의 위로를 느낄 수 있기 바랍니다. 고통스러울수록 주께서 우리에게 주시는 믿음의 소망을 갖을 수 있기를 소망합니다.

10

사랑, 그 영원한 이름

하나님의 사랑을 선포한 예레미야

저는 우리교회 비전 트립 팀과 함께 태국과 라오스를 다녀온 적이 있습니다. 그곳에서 잔칫상을 준비하고 천막을 세운 뒤 마을 초청 잔치를 열었습니다. 잔치 초입에 예배를 드리면서 제가 잠깐 말씀을 전했습니다. 우리가 잘 아는 말씀 〈요한복음〉 3장 16절 말씀이었습니다.

태국은 불교의 종주국이라 할 정도로 불교 신자로 가득합니다. 그래서 말씀 가운데 직접적으로 복음을 전하지는 못하기 때문에 간접적으로라도 복음을 전하기 위해 많은 생각을 했습니다. 그 와중에 이런 생각이 떠올랐습니다. 인생은 살다 보면 힘든 일이 많습니다. 괴로운 일도 많습니다. 그래서 사람들은 고통 가운데 살아간다고 말합니다. 그런데 그들이 믿는 석가모니는 고통 가운데 있는 사람을 향해 이렇게 말합니다.

"원래 인생은 고통스러운 거니까 그냥 받아들이고 마음으로 넘어서라."

그런데 주님은 다르게 말씀하십니다.

"내가 너를 사랑한다. 그 고통을 내가 짊어질게. 그 고통을 내가 해결해 주고, 내가 힘을 줄게."

우리가 사랑하는 자녀, 아내나 남편, 부모나 친구가 극한 어려움을 겪고 있다면 어떻게 할까요? "그냥 그러려니 해. 받아들여"라고 이야기할 수 없을 것입니다. 정말 사랑한다면 어떻게든 도와주고 싶을 것입니다. 하나님의 사랑이 그렇습니다. 하나님께서 우리를 위해 독생자와 성령을 보내시고, 힘들 때마다 위로해 주실 뿐만 아니라 실제적으로 삶의 모든 영역을 간섭하시는 이유입니다. 오늘 그 사랑이 우리에게 넘치는 줄 믿습니다.

○ **영원한 사랑**

베냐민 땅 아나돗의 제사장들 중 힐기야의 아들 예레미야의 말이라 아몬의 아들 유다 왕 요시야가 다스린 지 십삼 년에 여호와의 말씀이 예레미야에게 임하였고 요시야의 아들 유다의 왕 여호야김 시대부터 요시야의 아들 유다의 왕 시드기야의 십일년 말까지 곧 오월에 예루

살렘이 사로잡혀 가기까지 임하니라_예레미야 1:1-3

예레미야는 요시야 왕 13년, 즉 주전 627년경에 하나님께 부르심을 받았습니다. 그는 유다의 멸망 전부터 멸망한 이후까지 하나님의 말씀을 전하다가 그의 활동을 마치고 애굽 땅에서 생애를 다하였습니다. 40년이 넘는 세월 동안 예레미야는 하나님의 예언자로 활동했습니다.

예레미야가 하나님의 부름을 받은 때는 요시야 왕의 시대였습니다. 성경에 보면 요시야 왕은 다윗과 비교될 만큼 하나님께서 정말로 사랑하는 왕이었습니다. 그런데 다윗처럼 위대한 왕이면 큰 역사를 이루다가 편안하게 숨을 거두게 될 것 같았지만 뜻밖에도 요시야 왕은 전쟁터에서 갑자기 죽고 말았습니다. 요시야 왕이 죽고 나서 유다는 굉장히 어려웠습니다. 애굽 왕이 새로운 유다의 왕을 세웠지만, 바벨론 왕은 자기 마음에 들지 않는다고 끌어내린 뒤 자기 마음에 드는 왕을 다시 세웠습니다. 하지만 얼마 안 지나 그 왕도 자신들의 말을 잘 듣지 않는다는 이유로 쳐들어와서 쑥대밭을 만들었습니다. 그리고 사람들을 포로로 잡아갔습니다. 다시 새로운 왕을 세우고 10년 정도 지켜보다가 역시 이번에도 왕이 마음에 들지 않는다는 핑계로 완전히 멸망시키고 폐허를 만들었습니다.

이것이 예레미야가 하나님의 말씀을 전했던 40년 동안 일어난 사건입니다. 위대한 왕이 갑자기 죽고, 주변 나라가 자기 입맛에 맞는 왕을 세웠다가 바꾸기를 수차례 반복했습니다. 예레미야는 주변 국가들이 수시로 쳐들어와서 이리저리 헤집고 사람들을 포로로 끌고 갔다가 나중에는 완전히 멸망시켜 버리는 상황을 겪었던 것입니다. 참으로 힘들고 어려웠던 그때, 예레미야는 마음의 고통이 심했습니다. 왜냐하면 그는 이 나라가 멸망당할 것을 이미 알고 있었기 때문입니다. 멸망당할 사람들이 내 형제요, 가족이요, 친구요, 이웃이니 그들이 쓰러지는 모습을 볼 때 예레미야도 참을 수 없을 만큼 괴로웠던 것입니다. 그 괴로움 중에 예레미야가 전하는 말씀이 바로 이것입니다.

"사랑, 그 영원한 이름. 하나님이 우리를 사랑하시고, 그 사랑을 영원토록 우리에게 베풀어 주신다."

절망을 넘어선 사랑

〈예레미야서〉를 읽으면 예레미야의 선포 메시지가 어디서 본 것 같은 생각이 듭니다. 예레미야 메시지는 이전에 하나님께서 부르셔서 유다 땅에 말씀을 선포했던 다른 예언자의 메시지를 그대로 담고 있기 때문입니다.

> 유다의 왕 히스기야 시대에 모레셋 사람 미가가 유다의 모든 백성에게 예언하여 이르되 만군의 여호와께서 이와 같이 말씀하셨느니라 시

온은 밭 같이 경작지가 될 것이며 예루살렘은 돌 무더기가 되며 이 성전의 산은 산당의 숲과 같이 되리라 하였으나_예레미야 26:18

말씀을 보면 예레미야는 미가가 선포했던 말을 그대로 인용합니다. 또 예레미야는 호세아의 선포를 그대로 말하기도 합니다. 그렇다면 왜 예레미야가 호세아와 미가의 말씀을 다시 전해야 했을까요? 유다 백성이 호세아와 미가가 하나님의 말씀을 선포했음에도 불구하고 여전히 그 말씀을 듣지 않았기 때문입니다. 이들이 하나님의 말씀을 선포한 지 150년이 넘는 시간이 지났지만 하나님의 말씀은 여전히 허공에 울려 퍼질 뿐 백성들의 삶은 전혀 변하지 않았습니다. 그래서 예레미야는 유다 백성에게 또다시 이야기할 수밖에 없었습니다.

주 여호와의 말씀이니라 네가 잿물로 스스로 씻으며 네가 많은 비누를 쓸지라도 네 죄악이 내 앞에 그대로 있으리니_예레미야 2:22

구스인이 그의 피부를, 표범이 그의 반점을 변하게 할 수 있느냐 할 수 있을진대 악에 익숙한 너희도 선을 행할 수 있으리라_예레미야 13:23

구스인은 에티오피아 사람 즉 흑인입니다. 흑인이 그 피부를 희게 할 수 없다는 것입니다. 표범은 반점이 특징입니다. 표범은 가죽의 반점 때문에 표범인 것을 알 수 있습니다. 그런데 표범이 그 반점을 없앨 수 없다는 것입니다. 즉 흑인이 피부색을 희게 바꾸지 못하는 것처럼 유다 백성의 죄악된 모습도 바꾸지 못할 것이고, 표범이 가죽에서 반점을 없애지 못하는 것처럼 그들 역시 그릇된 모습을 바꾸지 못할 것이라는 말씀입니다.

우리가 이 땅에 살다 보면 하나님의 한탄 섞인 이 말씀이 참으로 맞다는 생각이 들 때가 있습니다. 사람 참 안 바뀝니다. 바뀌는 것 같다가도 다시 그 자리로 돌아가고 맙니다. 아니 잠시 바뀌는 것 같다가 오히려 예전보다 더 못하게 되는 경우도 많습니다. 그래서 때로는 사람에 대한 소망을 잃기도 합니다.

"저 사람은 원래 저래. 저 사람은 가망이 없어."

하나님도 때로는 우리에게 그런 마음이 들지 않을까요? 우리가 왜 그렇게 하나님께 가능성이 없는 자로 여겨질까요? 왜 그렇게 변하지 않느냐고 하나님의 한탄을 들을 수밖에 없는 존재가 되었을까요?

율법에 의하면 이스라엘 사람은 자기 동족을 노비로 삼을 수 없습니다. 그런데 이스라엘 사람이 자기 동족을 노비를 삼기 시작했습니다. 하나님 앞에 그릇된 것이었습니다. 하나님의 말씀을 어기는 행동이었습니다. 그래서 히스기야 왕은 예루살렘에 있는 모든 백성을 모아 동족을 노비로 삼은 자는 모두 풀어 주라고 명령합니다. 이것은 나라를 다시 회복하기 위해, 하나님의 말씀으로 돌아가기 위해 히스기야 왕이 큰 결단을 내린 것입니다.

> 그 계약은 사람마다 각기 히브리 남녀 노비를 놓아 자유롭게 하고 그의 동족 유다인을 종으로 삼지 못하게 한 것이라 이 계약에 가담한 고관들과 모든 백성이 각기 노비를 자유롭게 하고 다시는 종을 삼지 말라 함을 듣고 순복하여 놓았더니 후에 그들의 뜻이 변하여 자유를 주었던 노비를 끌어다가 복종시켜 다시 노비로 삼았더라
>
> _예레미야 34:9-11

처음에는 유다 백성이 하나님의 명령을 따르는 듯 보였습니다. 그러나 노비가 없어져 자신의 삶이 불편해지자 풀어 준 노비를 다시 데리고 왔습니다. 하나님의 명령보다 나의 이익이 더 중요했기 때문입니다. 예레미야는 그 모습을 보고 이 백성에게 더 이상 희망이 없다고 생각했을 것입니다. 그런데 하나님께서는 놀랍게도 예레미야를 통해 다음과 같은 말씀을 주셨습니다.

> 여호와의 말씀이니라 너희를 향한 나의 생각을 내가 아나니 평안이요 재앙이 아니니라 너희에게 미래와 희망을 주는 것이니라 너희가 내게 부르짖으며 내게 와서 기도하면 내가 너희들의 기도를 들을 것이요 너희가 온 마음으로 나를 구하면 나를 찾을 것이요 나를 만나리라 이것은 여호와의 말씀이니라 나는 너희들을 만날 것이며 너희를 포로된

중에서 다시 돌아오게 하되 내가 쫓아 보내었던 나라들과 모든 곳에서 모아 사로잡혀 떠났던 그 곳으로 돌아오게 하리라 이것은 여호와의 말씀이니라_예레미야 29:11-14

우리는 타인에게 때로는 나 자신에게 실망하여 모든 것을 포기하고 싶을 때가 있습니다. 그런데 기억하십시오. 하나님은 결코 그렇지 않다는 것을 말입니다. 우리는 하나님 앞에 가능성이 없는 사람이고 고개조차 들 수 없지만 하나님은 그런 우리를 사랑하고 함께하십니다. 하나님께서는 우리에게 소망을 주는 분이십니다.

우리를 향한 하나님의 사랑은 불가능을 넘어선 사랑입니다. 우리를 향한 하나님의 사랑은 모든 절망을 넘어서는 사랑입니다. 우리를 향한 하나님의 사랑은 모든 죄악을 넘어선 사랑입니다. 우리를 향한 하나님의 사랑은 모든 고통과 괴로움을 넘어서는 사랑입니다.

우리가 고통과 절망 가운데 있을지라도 하나님은 그 사랑의 역사를 쉬지 않으시고, 우리를 향한 끈을 놓지 않으십니다. 이 사랑을 붙잡고 의지하는 우리가 되기를 소망합니다.

11 다시 열정으로

불타오르는 열정으로 하나님의 뜻을 따른 예레미야

하나님의 쓰임을 받은 사람들 중에 왕이나 제사장의 삶을 보면 종종 참으로 많은 복을 받았다는 생각이 들 때가 있습니다. 그런데 하나님의 부름을 받은 사람들 중에 유독 한 부류의 사람만이 고된 인생을 살았다고 느끼게 됩니다. 그들이 바로 예언자입니다.

그들의 삶은 왜 순탄하지 않았을까요? 아마도 그것은 하나님과 세상 사이에 끼어 있는 사람이기 때문입니다. 육신은 이 땅을 살고 있지만 그 속에 하나님을 품었으니 삶이 순탄할 수 없었을 것입니다. 사실 끼어 있는 사람은 힘들고 괴롭습니다. 왜냐하면 양쪽을 모두 붙잡고 있기 때문입니다.

끼어 있는 사람이 잘되면 하나님과 세상을 둘 다 풍성하게 삶에 담을 수 있습니다. 그런데 끼어 있는 사람이 잘못되면 이것도 안 되고 저것도 안 되고 중간에서 힘들기만 합니다. 세상의 기준과 하나님의 기준을 모두 충족하기 어려울 때가 훨씬 많기 때문입니다.

예언자의 삶을 보면서 때로는 우리의 삶을 돌아보게 됩니다. 우리 역시 하나님을 품은 사람인 동시에 이 세상을 살아가는 존재입니다. 그러니 예언자가 하나님과 세상 사이에 끼어서 쉽지 않은 삶을 사는 모습이 비단 우리와 크게 다를 것이 없다는 생각이 들기도 합니다.

> 베냐민 땅 아나돗의 제사장들 중 힐기야의 아들 예레미야의 말이라
>
> _예레미야 1:1

중간에 끼어 있는 삶을 예언자는 어떻게 살았을까요? 예레미야는 제사장 가문에서 태어났습니다. 그의 아버지 이름은 힐기야이고, 고향은 예루살렘 북쪽 아나돗이었습니다. 아나돗이라는 곳은 성경에서 두 번 나오는데 〈열왕기상〉 2장과 〈예레미야서〉 1장입니다. 〈열왕기상〉에 나오는 아나돗은 솔로몬이 왕이 될 때 등장합니다. 솔로몬이 왕이 될 때 한 세력은 솔로몬을, 다른 한 세력은 다윗의 다른 아들인 아도니야를 지지했습니다. 이때 모인 사람들은 제사장을 비롯해 장군과 당시 유력한 사람들이었습니다. 그들이 두 무리로 나뉘어 각자 자기가 좋아하는 사람을 왕으로 세우려고 했던 것입니다.

결국 하나님의 뜻과 아버지 다윗의 유지에 따라 솔로몬이 왕이 되었습니다. 왕위에 오른 솔로몬 왕은 왕권을 든든히 하기 위해 자신의 반대편에 서서 아도니야를 왕으로 세우려던 사람들을 제거합니다. 그 가운데 아도니야 편에 섰던 대제사장 아비아달이 있었는데 그를 아나돗에 유배 보냅니다. 그래서 아나돗은 대제사장과 그와 함께했던 제사장들이 같이 살았던 제사장 도시가 됩니다.

예레미야는 아마도 유배된 제사장 가문의 후손이었을 것입니다. 그런 상황에서 예레미야가 하나님의 부르심을 받아 유다를 향하여 말씀을 선포합니다.

"너희가 지금 하나님 앞에 죄를 범하고 있다. 곧 너희에게 하나님의 진노가 임할 것이다. 하나님이 너희의 모든 죄를 제하고 바로잡기를 원하신다."

예레미야는 고향인 아나돗에 가서도 이 같은 메시지를 선포했습니다. 아나돗에 있는 사람들은 예레미야의 친구, 친척, 뜻을 같이했던 사람이자 같은 제사장이었습니다. 그런데 예레미야는 그 가운데서 험한 일을 당합니다. 가까운 사람들이 예레미야의 선포를 듣고 돌을 들어 치려고 했습니다. 예레미야를 죽이려고 했던 것입니다. 이 일은 하나님과 세상 사이에 끼어 있던 예레미야의 상황이 어떠했는지 우리에게 분명하게 보여 줍니다.

우리의 가슴에는 어른 주먹보다 조금 큰 심장이 있습니다. 심장이 하는 일은 온몸에 피를 보내는 것입니다. 사람의 몸속에 있는 혈관 길이가 대략 어느 정도인지 아십니까? 사람 몸속에 있는 혈관의 총 길이는 대략 8만 킬로미터 정도라고 합니다. 서울에서 부산까지 왕복하면 얼추 800킬로미터입니다. 그러니 800킬로미터를 백 번 왕복해야 사람 몸속에 있는 혈관 길이가 됩니다. 심장은 긴 혈관 곳곳에 피를 보내는 펌프 역할을 합니다. 심장이 펌프 역할을 제대로 하고 있기 때문에 지금 우리가 살아 있는 것입니다. 심장이 활발히 뛰는 사람은 에너지가 넘치고 활력이 있습니다.

예언자는 육신의 심장뿐 아니라 영혼의 심장을 가진 사람입니다. 영혼의 심장을 뛰게 하는 것은 바로 하나님의 부르심입니다. 세상 가운데 살 때는 육신의 심장만 뛰는 사람이었지만 하나님의 부르심을 받은 뒤에는 그 속에 하나님의 심장이 뛰기 시작합니다. 그리고 이제 하나님의 말씀에 따라 삶이 변합니다. 그래서 그들은 몸의 심장도 있고, 하나님의 심장도 가진 자로 살게 됩니다.

우리도 예언자와 같이 하나님의 심장이 뛰기 시작하면 예레미야처럼 힘들 때가 있습니다. 하나님께서 우리에게 원하시는 일과 세상이 우리에게 기대하는 일을 모두 만족하며 살아가는 것은 쉽지 않기 때문입니다. 그래서 괴롭습니다. 힘들어서 모든 것을 버리고 싶기도 합니다.

하나님 앞에서 예배할 때는 좋지만 막상 세상에 나가서 말씀대로 살려면 쉽지 않습니다. 그럴 때 대부분의 사람은 "에이, 그것 좀 미루지, 포기하지!"라고 생각합니다. 하나님의 기준을 내려놓아도 당장 큰 지장은 없을 테니까 가운데 낀 사람으로서 겪는 괴로움을 내려놓고 싶어지는 것입니다. 이 마음은 예언자도 마찬가지였습니다. 하나님이 주시는 말씀과 환상이 있지만 그것을 세상에 전하려니 삶이 괴롭고 힘들었습니다. 그래서 오늘 예레미야는 다음과 같이 말했습니다.

> 여호와여 주께서 나를 권유하시므로 내가 그 권유를 받았사오며 주께서 나보다 강하사 이기셨으므로 내가 조롱 거리가 되니 사람마다 종일토록 나를 조롱하나이다 내가 말할 때마다 외치며 파멸과 멸망을 선포하므로 여호와의 말씀으로 말미암아 내가 종일토록 치욕과 모욕거리가 됨이니이다 내가 다시는 여호와를 선포하지 아니하며 그의 이름으로 말하지 아니하리라 하면 나의 마음이 불붙는 것 같아서 골수에 사무치니 답답하여 견딜 수 없나이다_예레미야 20:7-9

성경은 하나님의 말씀을 우아하게 표현하고 있습니다. 그런데 이 말씀을 조금 더 직설적으로 표현하면 이렇습니다.

"하나님께서 저를 꼬셔서 넘어갔습니다. 안 넘어가려고 했는데 하나님이 너무나 강하게 강권하시니 제가 하나님을 이길 수 없었습니다. 하나님께서 나를 억지로 꼬셔서 넘어갔는데 이렇게 살다보니까 하루 종일 정말 힘듭니다. 사람마다 나를 조롱하고 괴롭힙니다. 하나님 다 그만두겠습니다. 이제 이런 삶이 너무 괴롭습니다."

우리가 겪는 고통 가운데 가장 큰 것을 말할 때 "뼈를 깎는 고통"이라고 합니다. 정형외과에서 뼈를 깎는 수술을 할 때 마취하지 않으면 보통 사람은 그 고통을 견디지 못하고 혼절한다고 합니다. 뼈를 깎는 고통이 그만큼 크다는 것입니다. 그런데 예레미야는 "뼈를 태우는 것 같은 고통"으로 인해 견딜 수가 없다고 말합니다. 하나님의 말씀을 그만 전하고 싶어도 가슴 속에 열정이 뜨거워 그것을 멈추지 못한다는 것입니다.

○

하나님의 열정

배가 바다를 항해하다 보면 태풍을 만납니다. 배는 태풍과 바람, 파도를 이겨 내야 합니다. 그래서 큰 바람과 파도가 오면 휩쓸리지 않으려고 온갖 방법을 동원합니다. 하지만 바다에 떠 있는 배가 태풍과 바람을 이겨 낸다고 해서 제 할 일을 다했다고 할 수 있습니까? 배는 목표를 향해 나아가야 합니다. 가만히 멈춰서 괴로운 일을 이겨 내는 것만으로 만족할 것이 아니라 목표를 향해 나아가야 합니다. 배 밑창에는 스크류가 돌아갑니다. 힘들고 어려운 것을 넘어서 목표하는 곳으로 갈 수 있도록 엔진이 돌아가고 있습니다. 우리 삶도 마찬가지입니다. 힘들고 어려운 일을 극복하고 버티는 것만이 살아가는 이유가 아닙니다. 우리도 목표를 향해 나아가도록 스크류가 돌아가야 합니다. 계속해서 힘을 발휘하고 있어야 합니다.

예레미야는 그것이 우리 속에 있는 열정이라고 말합니다. 하나님을 향한 불, 하나님께서 우리 속에 피어 놓은 불, 우리의 뼈를 태우는 것 같이 강렬한 불, 그 불이 바로 하나님의 역사를 이 땅 가운데 나타내는 동력이 된다고 말합니다.

세상에서도 열정이 없으면 성공할 수 없다고 말합니다. 하물며 우리 속에 있는 이 불을 깨닫지 못하면 이 땅에서 하나님의 일을 이룰 수 없습니다.

전투기를 모는 비행사가 주고받는 말 가운데 'R2B'라는 것이 있습니다. 우리말로 바꾸면 "이제 기지로 돌아간다(Return to Base)"입니다. 임무를 마치고 기지로 다시 돌아간다는 말입니다. 비행기와 조종사는 기지로 돌아가서 새롭게 충전하여 다시 출발합니다. 우리에게 이처럼 새롭게 출발할 수 있도록 힘을 주는 것은 무엇일까요?

예레미야는 모든 것을 포기하고 싶을 때 그것을 다시 살리는 게 열정이라고 말합니다. 우리가 이 세상을 살아가면서 하나님과 세상 사이에 끼여 힘들고 괴로워할 것이 아니라 오히려 양쪽 모두를 헤쳐 나갈 수 있는 힘이 있어야 합니다. 그것이 바로 열정입니다. 예레미야는 가슴속에 불타오르는 열정으로 하나님의 역사를 이 땅 가운데 이루어 냈습니다. 우리에게 R2B(Return to Base)는 열정으로 돌아가는

R2P(Return to Passion)가 되어야 합니다. 우리도 이처럼 가슴속에 불타는 열정으로 하나님과 세상을 아우르며 이 땅에서 하나님의 역사를 이루어나가는 인생이 되기를 축복합니다.

12

새로운 출발의 키워드

고난 속에서 희망을 발견한 예레미야

하나님을 품은 사람 중에 한 사람인 예레미야는 가장 험난한 세월을 지나온 예언자였습니다. 그는 하나님의 나라가 무너지는 것을 온몸으로 겪었습니다.

다른 예언자는 하나님께서 이 땅을 심판하고 진노하신다는 것을 전하기는 했지만 스스로 그 멸망의 순간을 겪지는 않았습니다. 말하는 것으로 대부분의 사역이 끝났습니다. 예레미야와 거의 같은 시대에 말씀을 전했던 에스겔도 유다의 멸망을 경험하긴 했지만 첫 번째 약한 멸망이 찾아올 때 바벨론으로 끌려갔습니다. 그러니 에스겔도 자신의 나라가 완전히 멸망했다는 것은 들어서 알게 된 것이었습니다.

하지만 예레미야는 유다의 수도였던 예루살렘 성에 살면서 이 모든 것을 직접 경험했습니다. 바벨론이 쳐들어와서 왕이 끌려갔고 다시 바벨론이 쳐들어와서 또 다른 왕의 눈이 뽑히고 왕족이 죽고 가까운 사람이 바벨론으로 끌려가는 것을 지켜볼 수밖에 없었습니다. 예루살렘 성벽이 무너지는 것을 바라보며 고통스러워한 사람이 바로 예레미야였습니다.

나라가 무너지고, 백성들이 끌려가고, 왕도 없습니다. 모든 것이 다 끝나고 말았습니다. 그런데 예레미야를 통하여 하나님께서 주시는 말씀은 전혀 예상하지 못했던 것이었습니다.

○

고난이 희망이다

여호와의 말씀이니라 보라 날이 이르리니 내가 이스라엘 집과 유다 집에 새 언약을 맺으리라_예레미야 31:31

모든 것이 끝나 이젠 희망이 사라졌다고 생각했을 때 하나님께서 주신 말씀입니다. 우리 인생에 첫 번째 키워드는 바로 고난입니다. 〈예레미야서〉에 보면 포로로 끌려간 사람에게 예레미야가 이 소식을 전합니다.

여호와의 말씀이니라 너희를 향한 나의 생각을 내가 아나니 평안이요

재앙이 아니니라 너희에게 미래와 희망을 주는 것이니라
_예레미야 29:11

예레미야는 포로로 끌려가 있는 백성에게 희망을 이야기합니다. 완전히 끝난 상태, 가장 힘들고 어려운 상황 가운데 있는 그들에게 하나님께서는 예레미야를 통해 "포로가 희망이다"라고 말하십니다. 이것은 역설적인 것입니다.

우리는 이 땅에 살면서 고난당하는 것을 즐거워하지 않습니다. 고난이 우리를 비껴가기 바라고, 결코 가까이 다가오지 않았으면 좋겠다고 생각합니다. 그런데 성경을 보면 고난은 우리를 비껴가지 않습니다. 예언자도 비껴가지 않았습니다.

이에 예레미야가 네리야의 아들 바룩을 부르매 바룩이 예레미야가 불러 주는 대로 여호와께서 그에게 이르신 모든 말씀을 두루마리 책에 기록하니라_예레미야 36:4

예레미야가 본 하나님의 환상을 서기관 바룩이 받아 적은 이유는 앞으로 유다 땅에 닥칠 일을 통해 하나님께서 무엇을 원하시는지 왕에게 알리고자 함이었습니다. 이 두루마리를 먼저 백성들 앞에서 읽자 이 소식이 관료와 고관에게 알려집니다. 그 말씀을 들은 고관들은 이것을 왕에게 가져갔습니다. 하지만 왕은 두루마리를 다 읽기도 전에 여러 조각으로 잘라 불태워 버렸습니다. 이 일로 예레미야는 큰 곤경에 처하게 됩니다. 그리고 하나님의 말씀을 다시 기록합니다.

> 이에 예레미야가 다른 두루마리를 가져다가 네리야의 아들 서기관 바룩에게 주매 그가 유다의 여호야김 왕이 불사른 책의 모든 말을 예레미야가 전하는 대로 기록하고 그 외에도 그 같은 말을 많이 더 하였더라
>
> _예레미야 36:32

예레미야의 말씀이 성전에 전해졌을 때 참 예언자 중에 하나였던 우리야는 죽임을 당했습니다. 예레미야도 거짓 예언자인 하나냐와 대결하게 되었고, 왕이 대노하여 죽이려 하자 목숨을 부지하기 위하여 이곳저곳 도망다녔습니다. 참 예언자가 거짓 예언자 때문에 어려움을 겪습니다.

예언자의 길이 평탄하지 않고 고통 가운데 있었습니다. 이스라엘 백성도 마찬가지입니다. 하나님의 선택된 백성이었지만 결국은 멸망했습니다. 그들이 갖고 있던 위대한 성전은 다 무너졌고 돌무더기 같이 되어졌습니다. 그런데 그와 같은 고난 가운데 있을 때 하나님이 하시는 말씀은 바로 이것입니다.

"바로 여기다. 바로 여기서 내가 너를 구원할 것이다. 내가 너를 건져 낼 것이다. 내가 다시 너를 일어나 출발하도록 만들 것이다."

사람들은 고난이 오면 이렇게 생각하기 쉽습니다.

"그동안 내가 하나님께 보였던 믿음과 헌신이 있는데 어떻게 나에게 이런 고난을 닥치게 할 수 있어? 하나님은 나를 사랑하시지 않는 거야. 이젠 교회도 안 갈 거야!"

이스라엘 사람들도 "이제 나라를 잃고 포로가 됐으니 다 끝났다"라고 생각했습니다. 하지만 바로 그때 하나님께서는 이렇게 말씀하십니다.

"포로가 희망이다. 거기에서 새롭게 출발하라. 내가 너희와 함께 할 것이고, 내가 그 땅에서 너희를 축복해 줄 것이다. 내가 너희에게 준 가나안 땅에서 잘 살았던 것처럼 그 땅 바벨론에서도 너희가 그 땅을 위해 기도하면 너희를 축복하여 잘살게 해줄 것이다."

○ **믿음과 순종**

여호와의 말씀이니라 보라 날이 이르리니 내가 이스라엘 집과 유다 집에 새 언약을 맺으리라_예레미야 31:31

이제 하나님께서 이스라엘 집과 유다 집에 새 언약을 맺는다고 말씀하십니다. 그러면서 우리에게 보여 주시는 것은 멸망과 심판이 모두 하나님의 손 안에 있다는 것입니다. 우리가 하나님의 백성이면 어떠한 상황에서도 그분의 주권을 인정하는 믿음이 있어야 합니다.

우리는 하나님께서 온 땅을 창조하셨고 주관하신다는 것을 압니다. 이 사실은 이스라엘 백성도 알고 있습니다. 그런데 아는 것이 믿음이 되지는 못했습니다. 그들은 하나님을 알기 위해 말씀을 자신의 손목과 이마에 기록했습니다. 또 들고 다니면서 보기 위해 문지방에 하나님의 말씀을 기록했습니다. 그런데 이것이 큰 유익이 없었습니다. 그들은 하나님의 말씀대로 살지 않았고, 하나님의 주권도 인정하지 않았습니다.

그러나 그 날 후에 내가 이스라엘 집과 맺을 언약은 이러하니 곧 내가 나의 법을 그들의 속에 두며 그들의 마음에 기록하여 나는 그들의 하나님이 되고 그들은 내 백성이 될 것이라 여호와의 말씀이니라 그들이 다시는 각기 이웃과 형제를 가리켜 이르기를 너는 여호와를 알라 하지 아니하리니 이는 작은 자로부터 큰 자까지 다 나를 알기 때문이라 내가 그들의 악행을 사하고 다시는 그 죄를 기억하지 아니하리라 여호와의 말씀이니라_예레미야 31:33-34

새롭게 출발할 때 필요한 것이 있습니다. 지식으로만 아는 것이 아니라 우리의 마음속에 하나님의 말씀을 새기는 것입니다. 하나님께서 온 땅을 주관하시고, 만물을 다스리심에 대해 진정으로 인정하는 것이 새로운 출발의 키워드입니다.

믿음의 선배들은 "하나님의 말씀을 머리에서 가슴으로 내려야 한다"라는 말을 많이 했습니다. 하나님의 말씀을 보고 듣고 아는 것에서 그치지 말고 뜨거운 마음으로 행동할 때 진정 하나님을 믿는 성도가 될 수 있다는 말입니다.

한 유명 프로야구 감독의 이야기를 들은 적이 있습니다. 그는 인터뷰를 하면서 이와 같은 이야기를 했습니다.

"아프다고 아프다는 말을 하는 것은 리더가 아니다."

이 감독은 다른 사람과는 좀 다르게 팀을 운영합니다. 그러다보니 비난이 많았습니다. 그런데 한 팀을 이끄는 리더로서 그가 이야기합니다. 아프다고 해서 아프다는 말을 하는 것은 리더가 아니라는 것입니다.

리더는 남이 비판하고 힘들게 해도 그것 때문에 아프다고 말하지 않아야 합니다. 아픈데, 어떻게 아프다고 말하지 않을 수 있을까요? 그 감독에 대한 이야기를 들으면서 첫 번째로 든 생각이 이것입니다. 야구에 대한 열정이 그를 이렇게 만들었을 것이라고 말입니다. 자신이 좋아하는 일에 대한 열정이 하도 커서, 아파도 아프다고 말하지 않게끔 그를 강하게 만들어 준 것 같습니다. 그런데 이 말을 통해 한 가지를 더 깨달았습니다. 아플 때 아프다고 말하지 않을 수 있는 것은 아마도 아픔 속에서 희망을 보지 않았을까 하는 것입니다.

하나님이 우리에게 주시는 말씀 또한 이것입니다. 고난이 출발의 첫 번째 단계라는 것은 고난받은 그곳에서 새롭게 출발할 수 있다는 말이기도 합니다. 그래서 하나님께서는 포로가 희망이라고 이스라엘 백성에게 말씀하셨습니다.

위대한 믿음을 가진 예언자도 고난을 당했습니다. 우리도 고난당할 수 있습니다. 어려움 가운데 들어갈 수 있습니다. 괴로운 일이 생길 수 있습니다. 그런데 고난을 당하는 예언자와 백성에게 하나님이 주시는 말씀이 바로 희망이라는 것이 우리에게 변함없는 소망이 되기를 기도합니다.

Prophets

4부

회복

13

여전한 주권자 하나님

회복을 선포한 스바냐와 오바댜

스바냐와 오바댜라는 이름을 들어본 적 있으십니까? 스바냐의 이름은 조금 들어본 것 같지만 오바댜라는 이름은 많이 들어보지 못했을 것입니다. 다소 낯선 이 예언자를 통해 하나님께서 오늘을 사는 우리에게 주고 싶은 메시지가 무엇인지 귀를 기울였으면 좋겠습니다. 스바냐는 요시야 시대에 활동했습니다.

> 아몬의 아들 유다 왕 요시야의 시대에 스바냐에게 임한 여호와의 말씀이라 스바냐는 히스기야의 현손이요 아마랴의 증손이요 그다랴의 손자요 구시의 아들이었더라_스바냐 1:1

〈스바냐서〉를 시작하는 이 말씀은 우리에게 특별한 것 두 가지를 가르쳐 줍니다. 스바냐가 요시야의 시대 때 하나님의 말씀을 전했다는 것과 스바냐는 히스기야의 현손이요, 아마랴의 증손이요, 그다랴의 손자요, 구시의 아들이었다는 것입니다.

보통 성경에 나오는 인물은 누구의 아들이라고 소개하는 것은 흔히 볼 수 있습니다. 그런데 누구의 손자인지까지 언급하는 것은 드문 일입니다. 스바냐의 고조 할아버지가 히스기야 왕입니다. 히스기야는 하나님께서 기뻐하시는 왕이었습니다. 유다의 왕들 가운데 하나님이 좋게 여긴 왕이 몇 안 되는데 그 가운데 한 명이 히스기야 왕입니다. 그는 하나님의 복을 받아서 나라를 세우고, 크게 발전시켰습니다. 그리고 마지막 때에는 자신의 생명을 연장하는 놀라운 기적을 경험했습니다. 하나님께서는 히스기야 왕을 축복하셨고 특별하게 여기셨는데 바로 그 왕이 스바냐와 연결되어 있습니다.

○ 모든 것은 주님 손에

스바냐가 활동한 시기는 요시야 왕 초기였습니다. 아직 앗수르가 강성했고 그에 눌린 유다가 제대로 기를 펴지 못하는 상황이었습니다. 요시야 왕의 통치 후반에는 앗수르가 약해졌고 그 약해진 틈을 타서 요시야 왕이 국가의 중흥을 이루었기 때문에 스바냐를 통해 말씀하는 것은 아마도 요시야 왕이 다스리는 초기였을 것입니다.

당시도 힘든 시기였습니다. 형제 나라 이스라엘은 멸망했고 아직 앗수르가 강성해 그들에게 이리저리 휘둘리고 있었습니다. 하나님은 그분의 백성이 앗수르에 끌려가게 되자 〈스바냐서〉를 통해 우리에게 이야기합니다.

> 그 때에 내가 예루살렘에서 찌꺼기 같이 가라앉아서 마음속에 스스로 이르기를 여호와께서는 복도 내리지 아니하시며 화도 내리지 아니하시리라 하는 자를 등불로 두루 찾아 벌하리니_스바냐 1:12

이것이 당시 이스라엘 백성의 마음을 그대로 대변하는 말입니다. 하나님께서 분명 계시는 것 같기는 한데 우리와 전혀 상관없는 분처럼 느껴진다는 것입니다. 그래서 그들은 하나님께서는 우리에게 복을 내리지도, 화를 내리지도 않는다고 말하고 있습니다. 이스라엘 백성은 앗수르 때문에 힘들고 괴로운데 현실이 변하지 않자 하나님께서 자신을 내버려 둔다고 이야기합니다.

우리의 삶이 힘들고 괴로울 때, 나락에 떨어져 있을 때는 오히려 하나님을 붙잡습니다. 도와달라고 간절히 아뢰게 됩니다. 그런데 잘되는 것도 아니고 못되는 것도 아닌 현실에서는 우리 역시 하나님 앞에 이렇게 이야기할 때가 많습니다. 스바냐가 활동하던 당시에도 그랬습니다. 백성들은 하나님께서 복을 주시지도 않고 화를 주시지도 않는다고, 도무지 하나님이 어디 계신지 잘 모르겠노라고 하소연합니다.

여호와의 규례를 지키는 세상의 모든 겸손한 자들아 너희는 여호와를 찾으며 공의와 겸손을 구하라 너희가 혹시 여호와의 분노의 날에 숨김을 얻으리라_스바냐 2:3

스바냐라는 이름의 뜻이 무엇인지 아십니까? "여호와 하나님은 숨기시는 분"이라는 것입니다. 우리는 밋밋한 인생 가운데 하나님께서 우리에게 화를 주시는지, 복을 주시는지 깨닫지 못하고 불평합니다. 그러나 여호와 하나님은 우리의 눈에 보이지 않게 행하시는 분이고, 우리를 위하여 모든 것을 이루시는 분이십니다.

간혹 성도 중에 신앙의 방학을 했다고 하면서 잡자기 안 보이는 분이 있습니다. 한참 사라져 교회에 나오지 않다가 어느 날 갑자기 나타나서 열심히 신앙생활하는 것을 봅니다. 도대체 이게 무슨 일인지 알아보면 갑자기 힘든 일이 생겨 주님 앞에 다시 나와 기도하기 시작했다는 것입니다. 신앙이 있는 사람은 힘들고 어려울 때 하나님 앞에 나와 예배하고 무릎 꿇고 기도합니다.

서울종합예술전문학교 하만택 교수의 간증에 이런 이야기를 했습니다. IMF 때 유학 중이었는데 경제적으로 어렵고 힘들 때마다 하나님께 기도했다고 했습니다.

"하나님 이번만 도와주시면 앞으로 열심히 신앙생활 하겠습니다."

힘들 때마다 그와 같이 기도하여 삼십 번 이상 응답받은 이야기가 그 속에 가득했습니다. 우리도 마찬가지입니다. 힘들고 어려우면 교회에 나와 기도합니다. 간절히 원하는 것이 있으면 주님 앞에 나와서 무릎을 꿇습니다.

그런데 우리가 기도할 때 생각해야 할 것이 있습니다. "너희가 여호와를 찾고 구하라 그러면 얻으리라"는 말씀 앞에 "혹시"라는 말이 있다는 것입니다. 하나님은 자판기가 아닙니다. 우리가 하나님께 기도 버튼을 누르면 바로 밑에 응답의 컵이 나오고 음료가 채워지기를 기대하는 성도들이 참 많습니다.

물론 하나님은 우리에게 그렇게 해줄 수 있는 분입니다. 하지만 우리가 기도할 때 생각할 것이 있습니다. 세상 모든 것을 주관하고 행하시는 분이 하나님이라는 믿음으로 기도해야 한다는 것을 잊지 말아야 합니다. 기도하는 것은 우리의 선택이지만 그 결과는 하나님의 손에 있음을 반드시 기억해야 합니다. 그래서 우리는 기도 가운데 하나님께서 그분의 뜻대로 모든 것을 이루고 역사하는 분이심을 항상 고백해야 합니다.

이스라엘 백성에게 필요한 것이 바로 이것이었습니다. 여호와께서 숨기셨다는 스바냐의 고백처럼 우리에게 숨겨진 것 같이 하나님이 보이지 않아도 때론 저 멀리 계신 것 같아도 하나님은 여전히 모든 주권을 가지고 행하시는 분이라는 것을 기억해야 합니다.

그 때에 내가 여러 백성의 입술을 깨끗하게 하여 그들이 다 여호와의 이름을 부르며 한 가지로 나를 섬기게 하리니 내게 구하는 백성들 곧

내가 흩은 자의 딸이 구스 강 건너편에서부터 예물을 가지고 와서 내게 바칠지라_스바냐 3:9-10

우리도 스바냐와 같은 음성을 들을 수 있기 원합니다. 모든 것을 넘어서는 하나님의 승리와 구원의 음성을 들을 수 있기 소망합니다. 모든 것이 하나님께 있습니다. 하나님께서 세상을 주관하십니다. 그리고 그것은 감추어진 것 같지만 때가 되면 모두 나타날 것입니다. 주님의 손을 의지하는 우리가 되기를 기도합니다.

○ **소망**

〈오바댜서〉는 예언서 가운데 가장 짧은 책입니다. 오바댜는 북 이스라엘과 남 유다가 멸망한 이후에 하나님의 말씀을 전했던 예언자였습니다. 나훔과 하박국 그리고 스바냐와 같이 이스라엘 민족이 실의에 빠져 있을 때 하나님께서 오바댜를 들어 말씀을 선포합니다.

〈오바댜서〉를 읽다 보면 우리나라 속담 하나가 떠오릅니다.

"혼내는 시어머니보다 말리는 시누이가 더 밉다."

유다가 바벨론 때문에 멸망했습니다. 바벨론의 느부갓네살이 쳐들어와서 유다를 멸망시키고 모든 것을 다 무너뜨렸습니다. 거기 있는 물건을 가져가고 하나님의 백성을 포로로 끌고 갔습니다. 분명히 유다의 원수는 바벨론 사람입니다. 그런데 〈오바댜서〉는 에돔이라는 나라의 심판을 말하고 있습니다. 에돔이 마치 시누이 같은 존재입니다. 에돔은 유다가 멸망할 때 바벨론을 도왔습니다. 유다가 멸망한 뒤에는 바벨론의 포악함을 피해서 유다 사람 중 일부가 도망갔는데 그 도망자를 쫓아가 붙잡아서 바벨론에 넘겨주었습니다.

에돔은 에서의 후손입니다. 에서는 이스라엘의 선조인 야곱의 쌍둥이 형입니다. 그러니 에돔과 이스라엘은 형제 나라입니다. 그런데 형제 나라가 멸망하려고 할 때 힘을 보태 주기는커녕 바벨론의 앞잡이가 되어 더 힘들게하니 얼마나 미웠겠습니까? 하나님의 백성에게 그렇게 행한 것에 대해 유다 백성은 참으로 깊은 상처를 갖고 있었습니다. 그래서 그들에게 오바댜를 통해 하나님의 심판의 말씀이 선포되었습니다.

> 여호와께서 만국을 벌할 날이 가까웠나니 네가 행한 대로 너도 받을 것인즉 네가 행한 것이 네 머리로 돌아갈 것이라_오바댜 1:15

오바댜는 스바냐와 같이 이름이 '야'자로 끝납니다. 이는 야훼 하나님 즉 여호와 하나님이라는 것을 짐작할 수 있게 합니다. 그 앞에 있는 '오바드'라는 것은 '종'을 말합니다. 오바댜라는 이름을 가진 사람은 〈오바댜서〉를 쓴 예언자 말고 성경에 열한 명이 더 등장하는데 그 이름의 뜻은 '여호와의 종'입니다.

하나님께서는 우리의 주인으로서 모든 일을 반드시 정산하실 것입니다. 에돔이 그릇 행했고 유다 백성이 어려운 일을 당했습니다. 열방이 유다를 멸망하도록 만드는 것은 사실 하나님께서 그들을 사용하여 유다에게 벌을 주신 것입니다. 그런데 벌의 도구로 쓰인 자들이 하나님 앞에 바르지 못하다면 그들 역시 하나님께서 심판하십니다. 그리고 그것은 여호와의 날에 반드시 이루어질 것입니다.

종은 자기 집에서 항상 같이 사는 존재이며 때가 되면 분명히 주인과 종이 정산해야 할 날이 옵니다. 우리는 여호와의 종입니다. 하나님의 날이 우리에게 점점 가까워질 것입니다. 모든 주권을 갖고 행하시는 하나님의 날이 오면 종과 분명히 정산하실 것입니다. 그러니 우리는 그 때를 소망으로 기다리는 자가 되어야 합니다.

> 그들이 네겝과 에서의 산과 평지와 블레셋을 얻을 것이요 또 그들이 에브라임의 들과 사마리아의 들을 얻을 것이며 베냐민은 길르앗을 얻을 것이며 사로잡혔던 이스라엘의 많은 자손은 가나안 사람에게 속한 이 땅을 사르밧까지 얻을 것이며 예루살렘에서 사로잡혔던 자들 곧 스바랏에 있는 자들은 네겝의 성읍들을 얻을 것이니라 구원 받은 자들이 시온 산에 올라와서 에서의 산을 심판하리니 나라가 여호와께 속하리라_오바댜 1:19-21

〈오바댜서〉에는 다른 예언자에게 주시지 않았던 희망의 말씀이 담겨 있습니다. 하나님께서 예언자를 통해 이스라엘의 옛 영토가 회복될 것이라는 메시지를 전합니다. 여호와의 날이 우리에게 다가오고 있습니다. 그날이 오면 하나님의 종인 우리를 주께서 회복시키시고 우리의 마음을 품어 주실 것입니다. 이것을 믿고 의지하는 우리가 되기를 바랍니다. 힘들고 괴로울 때, 마음속에 울분이 가득 찰 때도 하나님께서는 분명히 그분의 날에 우리를 위해 이 모든 일을 이루실 것입니다.

하나님께 걸맞은 성도

절망에 빠진 공동체를 위해 하나님의 말씀을 전한 에스겔

유다는 약 10년의 차이를 두고 수도인 예루살렘 성이 두 번 함락되는 아픔을 겪어야 했습니다. 첫 번째 함락될 때는 왕이 포로로 끌려가고, 많은 관료와 기술자가 붙잡혀 갔습니다. 바벨론은 대신에 유다에 꼭두각시 왕을 세웠습니다. 유다는 완전히 멸망한 것은 아니지만 속이 텅 빈 껍데기와 같이 된 것입니다. 그러고 나서 약 10년 뒤, 유다는 다시 한 번 똑같은 일을 겪습니다. 예루살렘 성이 함락되었고, 이번에는 왕 대신 총독을 임명해 나라가 완전히 멸망하게 되었습니다. 10년의 차이를 두고 두 번이나 멸망한 것입니다. 두 번의 사건에서 공통적으로 생긴 일은 사람들이 끌려간 것입니다. 형제, 자매, 이웃 등 함께 있던 사람들이 바벨론으로 끌려갔습니다.

〈에스겔서〉는 그때를 배경으로 합니다. 이십 년의 세월 동안 두 번의 멸망을 겪으면서 하나님께서 주시는 말씀을 전한 사람이 바로 에스겔이었습니다. 나라가 두 번이나 멸망했으니 백성들은 얼마나 힘들었겠습니까? 이들의 괴로움을 우리가 살아가는 시대와 비교해 보면 상상하기 힘듭니다. 물론 우리의 삶도 녹록지 않습니다. 괴로운 일도 있습니다.

우리가 신앙을 가지고 있지만 때로는 이들처럼 절망스러운 삶을 살아가는 것이 바로 이 땅을 살아가는 사람의 삶입니다. 절망스러운 삶, 때로는 죽음같이 느껴지는 삶 가운데서 하나님은 무엇을 말씀하실까요?

○ 철저하게 돌이키라

바벨론은 축복의 땅 가나안에 살고 있는 유다 사람을 포로로 끌고 갔습니다. 그런데 유다 땅에는 아직 남아 있는 사람들이 있었습니다. 그리고 남아 있는 사람을 위해 하나님께서 허락하신 예언자가 바로 예레미야였습니다. 예레미야는 포로로 끌려가지 않았습니다. 예레미야는 그 땅에 남겨진 사람을 위해 하나님의 말씀을 선포하는 통로 역할을 감당했습니다.

지금까지 하나님께서는 유대 땅 밖에 있는 이스라엘 백성을 위해서는 예언자를 세우지 않으셨습니다. 포로로 끌려간 사람도 분명히 하나님의 백성이었지만 이들에게는 예언자가 없었습니다. 하나님께서는 이제까지 한 번도 이방 땅에서 하나님의 백성을 위하여 예언자를 세우신 적이 없었습니다. 그러니 이 백성들은 하나님의 말씀에 벗어나 있었습니다. 하지만 하나님께서는 그들을 그대로 내버려두지 않으셨습니다.

> 서른째 해 넷째 달 초닷새에 내가 그발 강 가 사로잡힌 자 중에 있을 때에 하늘이 열리며 하나님의 모습이 내게 보이니_에스겔 1:1

그발 강은 바벨론에 있는 강입니다. 에스겔은 자신이 포로로 있을 때, 하늘이 열리며 하나님이 자기에게 모습을 보이시더니 자신을 예언자로 세우셨다고 말합니다. 우리가 절망 가운데 있을 때 하나님과 끊어진 것 같습니다. 하나님이 우리 가운데 계시는 것처럼 느껴지지 않습니다. 그러나 그럴 때도 하나님은 우리 가운데 함께하십니다. 우리에게 하나님과 소통할 수 있는 통로를 여십니다. 하나님께서 늘 붙잡고 계신다는 것입니다. 에스겔은 바로 그것을 이야기하고 있습니다. 약속의 땅에서 멀리 떠난 사람도 여전히 하나님이 돌보시는 백성이요, 하나님께서 말씀을 주시는 사람입니다. 에스겔을 포로들 가운데 예언자로 세운 것은 바로 그 증거를 보여 주기 위함이었습니다.

그런데 에스겔을 통해 하시는 말씀은 의외였습니다. 〈에스겔서〉 1장부터 3장까지 나오는 말씀을 보면 에스겔이 무엇을 먹었는데 꿀과 같이 달았습니다. 그래서 무엇인지 보았더니 하나님의 말씀이었습니다. 꿀과 같이 단 하나님의 말씀은 무엇이었을까요? 에스겔이 꿀과 같이 달게 먹은 말씀을 펴보았더니 거기에는 슬픈 노래인 애가와 두렵고 떨리는 재앙의 말이 기록되어 있었습니다. 절망 가운데 빠져 있는 이 공동체를 위해 하나님이 말씀을 전할 예언자를 세우셨는데 그 말씀은 슬픔과 재앙의 말이었습니다.

우리가 절망 가운데 있어 하나님의 위로가 필요한데 왠지 더 괴로운 일만 생기는 것 같을 경우가 있습니다. 바로 그때 이스라엘 백성에게 하나님이 주신 말씀이 이것입니다.

"너희가 철저하게 돌이켜야 한다. 너희에게 멸망을 경험하게 한 것은 너희가 그를 통하여서 철저하게 돌이키고 순전하게 회복하기를 원하기 때문이다."

하나님께서 이스라엘 백성에게 왜 이 같은 멸망을 주셨을까요? 바로 그들을 하나님께 걸맞은 자로 만들기 원하셨기 때문입니다. 그들의 모든 죄악을 씻기 원하셨고, 그릇된 것을 바로잡기 위함이었습니다. 하나님께서는 참으로 순전하시고 의로운 분이신데 우리가 그 옆에 오물을 가득 묻히고 같이 있을 수가 없기 때문입니다.

하나님의 심판은 돌이킴을 위한 기회입니다. 기회를 주실 때 돌이키지 못하면 안 됩니다. 유다 백성이 첫 번째 멸망을 당했을 때 돌이

켰더라면, 두 번째 멸망은 오지 않았을 것입니다. 하나님께서 첫 번째 멸망 뒤에 유대 백성에게 '돌이키라 돌이키라' 말씀하셨습니다. 유다 땅에서는 예레미야를 통하여서 말씀하셨고, 포로로 끌려간 사람들을 위해서는 에스겔을 통해 말씀하셨습니다. 그런데 그들이 돌이키지 않았기 때문에 더욱 혹독한 두 번째 멸망이 닥쳤습니다.

우리는 육신을 가지고 이 땅에서 살아가기 때문에 온전한 모습으로 살지 못할 때가 있습니다. 하지만 그럴 때마다 돌이켜 순결을 회복하는 자가 되어야 합니다. 하나님 앞에서 우리 자신을 돌아보고 철저하게 돌이키는 주님의 자녀가 되어야 합니다.

○ **거룩하심을 드러내라**

한국 부모는 극성맞기로 유명합니다. 자식에게 거는 기대가 유별나기 때문입니다. 그런데 드물지만 자식에게 별 기대가 없는 부모도 있습니다. 자식이 무엇을 어떻게 하든지 신경 쓰지 않고, 자식을 위해 힘을 쏟아 붓지도 않습니다. 그런 모습을 보면 부모가 자식에게 기대를 갖는 것은 사랑 때문임을 알 수 있습니다. 우리가 자녀를 사랑하기 때문에 관심을 갖고 기대합니다. 자녀를 사랑하지 않으면 어떻게 되든 상관없습니다.

하나님도 마찬가지입니다. 하나님께서도 자녀인 우리에게 기대감을 갖고 있다고 말씀하십니다. 이스라엘 백성이 애굽에서 노예 생활하다가 나와서 하나님을 경험했습니다. 그때 하나님은 그들을 "하나님의 나라요, 하나님의 백성이요, 하나님의 민족"이라고 부르면서 그들에게 기대를 거셨습니다. "내가 거룩하니 너희도 거룩하라"고 말씀하셨습니다. 그것을 위해 하나님께서는 계명과 율법을 주셨고, 땅과 먹을 것도 주셨습니다. 하나님께서 우리에게 거는 사랑의 기대입니다.

> 내가 내 거룩한 이름을 내 백성 이스라엘 가운데에 알게 하여 다시는 내 거룩한 이름을 더럽히지 아니하게 하리니 내가 여호와 곧 이스라엘의 거룩한 자인 줄을 민족들이 알리라 하라_에스겔 39:7

하나님은 거룩하신 분이십니다. 그 거룩하심이 이 땅 가운데 어떻게 나타날까요? 성경은 우리를 통해 하나님의 거룩하심이 나타난다고 말합니다. 하나님의 백성을 통해 드러나게 된다는 것입니다. 이 말씀을 아주 쉽게 이야기하면 이렇습니다. 하나님의 백성인 우리가 거룩하게 살면 세상 사람들은 우리를 통해 하나님의 거룩하심을 느끼게 됩니다. 반면 우리가 부정하게 살면 세상 사람들은 하나님도 부정하신 분으로 생각하게 됩니다.

하나님께서 "내가 거룩하니 너희도 거룩하라"고 말씀하신 가장 큰 이유가 바로 이것입니다. 우리가 하나님을 드러내는 통로이기 때문에 우리가 거룩하면 세상은 하나님을 거룩하다고 인정하고, 우리가 부정하면 세상이 하나님을 부정하다고 말한다는 것입니다. 그래서 에스겔을 통해 하나님은 말씀하십니다.

“모든 민족이 너희로 인하여서 이스라엘의 거룩한 자인 줄 알게 되리라.”

에스겔이 하나님의 말씀을 선포한 곳은 바벨론 근처입니다. 당시 바벨론은 유다 말고 다른 나라에서도 포로를 끌고 왔습니다. 그것이 그들의 정책이었습니다. 정복한 나라가 있으면 반란을 일으키지 못하도록 그곳 지도자를 끌고 오는 것입니다. 지도자를 끌고 오면 구심점이 없어 그들이 힘을 합칠 수 없을 것이라 생각했습니다. 그래서 이스라엘에서 포로로 끌려온 사람들이 살고 있는 곳에는 주변의 다른 나라에서 끌려 온 여러 민족이 있었습니다. 그때 하나님은 말씀합니다.

“너희가 여기서 거룩해야 내가 이스라엘의 거룩한 자 여호와인 것을 모든 민족이 알게 된다.”

오늘날도 하나님은 우리에게 동일하게 말씀하십니다. 왜냐하면 이 시대에 하나님을 전하는 통로는 우리이기 때문입니다. 우리가 거룩하면 하나님은 거룩한 분이 되고, 우리가 불의하면 하나님은 불의한 분이 되며, 우리가 사랑하면 하나님은 사랑이 많으신 분이 됩니다.

하나님은 거룩하신 분입니다. 그리고 그 거룩하심은 우리를 통해 세상에 나타납니다. 그러니 우리도 거룩해야 합니다. 우리가 거룩할 때 우리가 하나님께 걸맞은 자가 됩니다. 이것을 항상 기억하여 거룩한 삶을 살아가는 우리가 되기를 소망합니다.

여기 당신 속에

심판과 멸망 속에 있는 하나님의 백성을 깨우치는 에스겔

우리는 참 중요한 사람입니다. 왜냐하면 하나님이 우리를 통해 세상에 나타나시기 때문입니다. 세상은 우리를 통해 하나님을 보고, 듣고, 느끼고 경험합니다. 그러니 우리는 하나님을 세상에 보여 주는 사람임을 기억하고 살아야 합니다. 하나님을 세상에 보여 주는 사람으로 삼으신 우리에게 주시는 말씀은 과연 무엇일까요? 에스겔을 통해 우리에게 선포하는 두 번째 메시지는 "당신 속에 계시는 하나님이 회복하신다는 말씀"입니다.

에스겔은 예레미야와 함께 가장 혹독한 시절을 보낸 예언자였습니다. 예레미야에 대해 이야기할 때, 그리고 에스겔에 대한 지난 부분에서 그런 이야기를 했습니다. 심판의 메시지를 전한 예언자는 많았지만 그것을 직접 경험한 예언자는 많지 않습니다. 왜냐하면 예언자가 그 말을 선포한 뒤에 어느 정도 시간이 지나서 그 같은 사건이 일어났고, 어떤 예언자는 일을 마치고 하나님께서 데려가셨기 때문에 자기가 선포한 심판의 말씀이 어떠한 현실로 이루어졌는지 직접 경험하지 않은 것입니다.

그런데 예레미야와 에스겔은 하나님의 말씀을 전할 뿐 아니라 그것을 몸소 경험했습니다. 그가 살았던 당시 유다가 왜 멸망했는지 보았고, 친구와 가족이 흩어져 포로로 끌려가는 모습을 직접 바라보아야만 했습니다.

에스겔이 처음 전한 하나님의 말씀은 아직 심판이 끝나지 않았다는 것입니다. 이때 상황은 이스라엘 백성이 1차 멸망을 겪고, 에스겔과 같이 있던 사람은 바벨론에 포로로 끌려와 있었습니다. 이미 아픔을 경험한 사람들입니다. 힘들고 어려운 상황 가운데 있던 사람이었습니다. 그런데 그들을 향해 에스겔이 전한 하나님의 말씀은 아직 심판이 끝나지 않았으니 빨리 돌이켜야 한다는 메시지였습니다.

에스겔은 하나님의 말씀이 적힌 두루마리를 먹었습니다. 그 말씀은 꿀과 같이 달았습니다. 그런데 꿀과 같이 단 두루마리 말씀을 보니까 거기에는 재앙과 심판과 멸망에 대한 메시지가 있었습니다. 〈에스겔서〉는 우리에게 이렇게 이야기하고 있습니다.

"하나님의 심판을 겪었지만 아직 모두 끝난 게 아니다."

그런데 에스겔이 선포한 심판의 메시지가 〈에스겔서〉 33장에 있었던 중요한 사건을 계기로 바뀌게 됩니다.

> 우리가 사로잡힌 지 열두째 해 열째 달 다섯째 날에 예루살렘에서부터 도망하여 온 자가 내게 나아와 말하기를 그 성이 함락되었다 하였는데_에스겔 33:21

결국 에스겔의 선포에도 불구하고 이들은 돌이키지 않았기 때문에 아주 충격적인 사건이 일어납니다. 첫 번째 멸망할 때는 나라를 보존할 수 있었지만 두 번째는 정말 붙잡고 싶었던 소중한 가치와 삶의 기둥까지 다 무너지고 말았습니다. 그들은 정말 세상이 종말에 다다랐다라고 여겼습니다.

"이제 모든 것이 끝났다. 하나님의 백성인 우리는 다 흩어졌고 하나님께서 우리에게 주신 축복의 땅도 이제는 다른 사람에게 넘어갔다. 우리가 살던 좋은 시간도 이제는 다 끝나버렸다."

○ 너희 마른 뼈들아

실의에 빠진 이스라엘 백성은 자신을 돌아보았습니다. 다 끝난 줄 알았는데, 절망이라고 생각했는데 그들은 아직도 살아 있다는 것을 깨닫게 되었습니다. 종말과 같은 사건이 일어났지만 그들의 삶은 계속되고 있었습니다.

〈에스겔서〉 37장 시작 부분을 보면 에스겔이 환상 가운데 이끌림을 받아 한 골짜기로 갑니다. 골짜기에 가니까 마른 뼈들이 수북하게 쌓여 있었습니다. 아주 바짝 마른 뼈였습니다. 그냥 부서질 정도로 바짝 말라 생기라고는 찾아볼 수 없는 뼈들이 골짜기에 가득 차 있었습니다.

> 그가 내게 이르시되 인자야 이 뼈들이 능히 살 수 있겠느냐 하시기로 내가 대답하되 주 여호와여 주께서 아시나이다 또 내게 이르시되 너는 이 모든 뼈에게 대언하여 이르기를 너희 마른 뼈들아 여호와의 말씀을 들을지어다_에스겔 37:3-4

이스라엘 백성은 자신이 바짝 마른 뼈와 같이 이제는 소망이 없다고 느꼈습니다. 모든 것이 다 끝났다고 생각할 때 하나님께서 말씀하셨습니다.

> 주 여호와의 말씀이니라 내가 어찌 악인이 죽는 것을 조금인들 기뻐하랴 그가 돌이켜 그 길에서 떠나 사는 것을 어찌 기뻐하지 아니하겠느냐_에스겔 18:23

> 주 여호와께서 이 뼈들에게 이같이 말씀하시기를 내가 생기를 너희에게 들어가게 하리니 너희가 살아나리라_에스겔 37:5

하나님께서 에스겔을 통해 이 말씀을 전하실 때 어떤 일이 일어났습니까?

뼈 위에 힘줄이 생기고, 살이 입혀지고, 가죽이 덮이고, 생기가 들어가서 그들이 다 살아 있는 자가 되어 군대와 같이 큰 무리가 그 가운데서 일어났습니다.

우리가 살면서 이와 같을 때가 있습니다. 소망이 사라지고 어찌해야 될지 모를 때, 하나님께서는 우리에게 회복의 말씀을 주십니다. 때로 하나님께서 우리의 그릇된 모습 때문에 심판하실 수 있습니다. 또 우리가 살아가면서 고난이나 괴로움, 어려움을 만날 수도 있습니다. 그러나 하나님은 결국 우리를 회복시키시고, 우리로 하여금 다시 생기가 돌게 하십니다.

혹시 당신도 "하나님이 도대체 어디 계신 겁니까!"라고 하소연하고 있지 않습니까? 그때 주님께서 우리에게 주신 말씀이 바로 이것입니다.

"내가 너희로 살게 하리라. 너희가 살아나리라."

지금은 절망 가운데 있을지라도 마른 뼈와 같이 거기에 힘줄을 넣고 살을 입히고 가죽을 덮고 생기가 돌게 하십니다. 우리를 회복시키실 분이 바로 나의 하나님이라는 것을 기억하시기 바랍니다. 항상 주 안에서 살리는 능력을 힘입는 우리가 되기를 소망합니다.

또 새 영을 너희 속에 두고 새 마음을 너희에게 주되 너희 육신에서 굳은 마음을 제거하고 부드러운 마음을 줄 것이며 또 내 영을 너희 속에 두어 너희로 내 율례를 행하게 하리니 너희가 내 규례를 지켜 행할지라

_에스겔 36:26-27

이스라엘 민족이 다 흩어졌습니다. 예루살렘 성전도 무너졌습니다. 이들에겐 나라가 없어지고 땅을 잃어버린 것도 문제지만 이보다 더 큰 일이 있었습니다. 그것은 성전이 무너진 것입니다. 그들에게 성전이 무너졌다는 것은 이제 하나님과 함께할 수 없다는 것을 의미했습니다. 성경을 보면 여러 번 하나님께서 성전에 계신다고 말씀합니다. 성전에 보면 지성소가 있고, 그 안에 언약궤가 있습니다. 그 언약궤는 하나님의 보좌로 여겨졌습니다. 그리고 하나님께서는 그 언약궤 위에 좌정하고 계신 분이라 생각했습니다.

그래서 하나님은 예루살렘 성에 계신데 백성은 이역만리 떨어진 곳에 포로로 끌려와 있으니 상실감이 컸던 것입니다. 이것이 포로로 끌려온 이스라엘 민족에겐 가장 힘든 일이었습니다. 하나님께서 옆에 계시지 않으니 마음이 괴롭고 힘들다는 것입니다. 하나님께서는 이러한 이스라엘 민족에게 새로운 말씀을 하십니다.

"나는 저 예루살렘 성전에 좌정하여 묶여 있는 존재가 아니라 바로 너희 속에, 너희 심령 가운데 있도다."

〈에스겔서〉 1-3장까지 보면 에스겔이 처음 본 환상이 나옵니다. 이 환상은 성경에 있는 환상 가운데 가장 난해한 것 중에 하나입니다. 다른 환상은 말씀을 읽으면 대략 그 장면이 그려집니다. 가령 골짜기의 마른 뼈 환상을 보면 우리는 골짜기에 하얀 뼈가 늘어져 있고 거기서 선포하는 에스겔의 모습을 상상할 수 있습니다. 그 뼈 위에 살이 붙고 가죽이 덮이고 결국 그들이 일어나서 움직이는 모습을 생각할 수 있습니다.

하지만 〈에스겔서〉 1-3장까지 있는 말씀은 자세히 보아도 좀처럼 상상하기 어렵습니다. 거기에는 사면이 동물과 사람의 모양으로 된 마차 같은 것이 나옵니다. 이 마차에 바퀴가 달려 있는 것인지, 불 같은 것이 나오는 것인지 말씀을 보면 분간이 잘 안 갑니다. 게다가 이것이 한꺼번에 상하좌우로 막 움직인다고 하니 우리는 그 모습조차 상상하기 어렵습니다.

상상하기도 어려운 환상을 하나님께서 왜 우리에게 보여 주시는 걸까요? 그 핵심은 마차와 같은 것이 무엇을 담고 있는가에 달려 있습니다. 거기에는 바로 하나님의 영광이 네 생물과 함께 상하좌우로 번개같이 움직이고 있었습니다. 이것은 하나님이 그와 같이 움직이는 분임을 말해 줍니다. 하나님의 영광은 하나님의 임재를 의미하기 때문입니다.

솔로몬은 성전을 봉헌하고 그곳에 하나님의 영광이 빽빽하게 구름같이 차서 제사장이 움직이기 어려웠다고 말합니다. 그것은 하나님께서 그곳에 충만하게 임했다는 것을 의미합니다. 에스겔이 본 환상은 하나님의 영광이 보좌에 묶여 있는 것이 아니라 바로 오늘 우리의 가슴 속에 함께하신다는 것을 확인해 주고 있습니다. 우리는 이것을 분명하게 기억해야 합니다. 하나님은 예배당에만 계신 분이 아니라, 말씀 속에만 계신 분이 아니라, 늘 우리와 함께하는 분이십니다. 우리 심령 가운데 계신 분이십니다.

한 성도가 꿈에서 천국에 갔습니다. 그런데 천사가 그의 앞에 큰 책을 하나 가져다 놓았습니다. 그가 "이게 무슨 책입니까?"라고 묻자 천사는 "이 책은 당신이 세상에서 행한 모든 것을 기록한 책입니다"라고 말했습니다. 첫 장을 넘겨보자 작은 글씨로 가득 써 있는 것이 보이는데 무슨 내용인지 알 수가 없었습니다. 천사에게 이것이 무엇인지 물으니 답해 주었습니다.

"여기에 있는 것은 당신이 세상에서 살 동안 행동으로 지은 죄를 기록한 겁니다."

그는 그것을 보면서 "아! 내가 이토록 많은 죄를 지었구나"라고 생각하며 놀랐습니다. 다음 장을 넘기자 첫 장보다 더 작은 글씨로 빽빽하게 써 있었습니다. 그래서 천사에게 또 물어보았습니다.

"이건 무엇입니까?"

그러자 천사가 대답하기를 "이것은 당신이 말로 지은 죄를 다 기록해둔 것입니다." 다시 셋째 장을 넘기자 이번에는 그보다 더 작은 글씨로 빽빽하게 적혀 있었습니다. 그래서 한 번 더 물었습니다.

“이것은 무엇입니까?”

“이것은 당신이 마음으로 지은 죄를 기록해 둔 것입니다.”

그는 더 이상 할 말이 없었습니다. 그래서 그는 아무 말 없이 다음 장을 넘겼습니다. 그러자 그곳에 글씨는 하나도 없고 까만색만 칠해 있었습니다. 그래서 그는 “이건 또 무엇입니까?”라고 물었습니다. 그러자 천사는 “이게 바로 당신의 마음입니다”라고 말했습니다. 그는 천사가 그렇게 이야기하는 것을 듣고 잠에서 깼다고 합니다.

우리가 하나님 앞에서 정결하게 살기를 원하지만, 천국에서 책을 본 성도와 같이 우리의 행동이나 말, 마음은 아직도 검은 것이 많습니다. 하지만 그 검은 것도 무언가로 덮을 수 있다면 보이지 않을 것입니다.

한번은 충주호에서 배를 타는데 그 배를 운영하는 사람이 이런 이야기를 했습니다. 이 상태에서 물이 조금만 더 빠지면 배가 뜨기 어려워 오늘이 마지막 배가 뜨는 날이 될 것 같다고 말입니다. 당시에 우리나라가 참 가물었습니다. 배를 타고 가는데 물이 적으니 보통 때 보이지 않았던 것들이 다 보였습니다. 그물이 보이고, 비닐 같은 것이 묶여 있는 나무도 보이고 바닥에 있는 쓰레기도 보였습니다. 물이 줄어들자 밑에 쌓여 있던 것들이 다 드러났습니다.

우리 마음도 그렇습니다. 마음속에 많은 것이 있지만 평소 물이 많을 때는 보이지 않습니다. 하지만 물이 빠져 나가면 다 드러납니다. 신앙도 이와 같습니다. 하나님이 우리와 함께하시면 말씀대로 굳은 마음이 부드러운 마음으로 변합니다. 하나님께서 함께하시면 검은 것이 다 덮어지게 됩니다. 검은 것을 넘어서 우리가 주의 뜻대로 사는 자가 될 수 있습니다. 하나님은 다른 곳이 아니라 바로 여기 우리 속에 계시며 우리를 살리는 분이십니다. 그러므로 주님을 우리 심령 가운데 항상 모시고 함께하는 우리가 되기를 소망합니다.

하나님의 지평

여호와의 날을 선포한 요엘과 이방에 복음을 전한 요나

이 땅을 살다 보면 의문이 생길 때가 있습니다. 하나님을 믿으면 평탄한 삶을 살 수 있을 거라 생각했는데 오히려 큰 어려움이 생길 때가 있습니다. 인생을 포기하고 싶을 만큼 힘들어서 주변을 돌아보면 오히려 하나님의 백성이 아닌 사람들이 더 편안하게 잘 사는 것 같이 보여 불쑥 화가 나기도 합니다. 그러면 하나님께 이런 물음을 가집니다. 혹은 원통한 마음으로 하소연하기도 합니다.

"하나님! 저는 사는 게 괴롭고 정말 힘든데 하나님을 안 믿는 저 사람은 왜 저렇게 멀쩡하게 잘 사는 겁니까? 도대체 이게 뭡니까? 하나님께서 정말 힘이 있으신 분이 맞습니까? 나를 사랑하시고 나를 위해 일하시는 분이 맞습니까?"

이름이 비슷한 요엘과 요나는 이러한 마음이 있었습니다. 하나님의 백성인 우리는 이처럼 고통받고 있는데 저들은 왜 멀쩡한 것일까, 도대체 저기는 하나님의 치외법권입니까? 하나님은 이방 나라에서는 능력을 행하지 못하시는 분인가 하는 질문 말입니다. 이러한 질문을 가진 주의 백성에게 하나님께서 주시는 말씀이 바로 〈요엘서〉와 〈요나서〉입니다.

○ 여호와의 날

요엘이 활동한 시기는 정확히 알 수 없습니다. 단지 그가 선포한 메시지를 토대로 추정만 할 뿐입니다. 그의 메시지를 보면 요엘은 기원전 587년 예루살렘의 멸망을 이미 알고 있는 것으로 보입니다. 또한 다른 예언자와 다르게 제의를 소중히 여기고 제사장을 존중하는 것으로 보아(욜 1:9, 13-14, 16, 2:14) 그의 활동 시기는 기원전 4세기 전후로 짐작할 수 있습니다.

〈요엘서〉의 말씀은 참혹한 메뚜기 재앙과 가뭄에서 출발합니다. 요엘은 메뚜기가 온 곡식과 풀을 다 갉아 먹어서 먹을 것이 없어 괴로울 것이라고 이야기합니다. 그리고 〈요엘서〉는 크게 두 부분으로 나뉩니다. 3장으로 구성된 〈요엘서〉는 1장부터 2장 후반까지 그리고 2장 마지막부터 3장까지로 나눌 수 있습니다. 두 개로 나누어진 말씀을 하나로 묶는 단어는 바로 '여호와의 날'입니다.

이스라엘이 심판을 당해 백성이 흩어졌습니다. 하나님의 백성이 이제까지 경험하지 못했던 큰 괴로움에 처하게 된 것입니다. 그런데 하나님의 백성을 괴롭힌 사람들은 멀쩡했습니다. 그 나라는 여전히 평탄하고 그 힘을 온 땅에 떨치고 있었습니다. 그래서 이스라엘 백성이 우리와 같이 하나님께 질문했습니다.

"하나님 도대체 어찌 된 일입니까? 저들이 하나님의 백성을 못살게 굴었으면 벌을 받아야 하는데 오히려 더 힘이 세고 잘살고 있으니 어찌된 일입니까? 하나님께서 살아서 역사하시는 분이 맞습니까?"

그때 요엘을 통해 하나님께서 말씀하십니다. 여호와의 날이 임하리니 그날에는 이것을 능히 당할 자가 없다는 것입니다. 지금 원통함을 말하고 있지만 그 탄원이 이루어지는 날, 여호와의 구원이 나타나는 날에는 그 무엇도 능히 당하지 못할 것이라고 말입니다.

> 너희는 옷을 찢지 말고 마음을 찢고 너희 하나님 여호와께로 돌아올지어다 그는 은혜로우시며 자비로우시며 노하기를 더디하시며 인애가 크시사 뜻을 돌이켜 재앙을 내리지 아니하시나니 주께서 혹시 마음과 뜻을 돌이키시고 그 뒤에 복을 내리사 너희 하나님 여호와께 소제와 전제를 드리게 하지 아니하실는지 누가 알겠느냐_요엘 2:13-14

성경에 〈시편〉이라는 책이 있습니다. 〈시편〉에 있는 많은 시는 다윗에게 초점이 맞춰져 있습니다. 다윗을 위해 지어진 시도 있고, 다윗이 지은 시도 있고, 다윗을 통해 불려진 시도 있습니다. 그 〈시편〉에 나오는 시의 가장 주된 내용은 다윗의 하소연입니다.

"하나님! 나 지금 괴롭습니다. 사방이 나의 적입니다. 사방이 나를 해치려하고 내 왕위를 빼앗으려는 사람뿐입니다. 주변에 나의 대적들이 널려 있습니다. 그들 때문에 정말 힘들고 괴롭습니다. 이 고통에서 나를 구원해 주옵소서. 나를 대신해 하나님께서 저들에게 벌을 내려 주옵소서."

〈시편〉은 다윗이 자신의 원통함을 토로하는 내용으로 가득합니다. 다윗은 하나님 앞에서 탄원하고 있습니다. 우리 역시 다윗처럼 마음에 의문이 가득할 때가 있습니다. 그때 요엘은 우리의 그런 모습을 다 알고 있는 것처럼 이야기합니다.

"너희가 지금 괴롭고 힘드니? 그러면 하나님 앞에 나와 탄원하고, 하나님의 능력으로 행하라."

그리고 곧 '여호와의 날'이 오기 전에 하나님의 백성은 "돌아오라!"는 것입니다. 하나님께서 우리가 마음에 품은 것을 모두 들으시고 곧 이루실 것이니 너희는 하나님 앞에 돌아오라는 것입니다. 우리가 힘들고 괴로울 때 이것을 기억해야 합니다. 하나님 앞에 나와서 마음을 찢고 여호와께로 돌아오면 자비로우시며 노하기를 더디하시는 하나님께서 이루실 것입니다.

그 후에 내가 내 영을 만민에게 부어 주리니 너희 자녀들이 장래 일을 말할 것이며 너희 늙은이는 꿈을 꾸며 너희 젊은이는 이상을 볼 것이며 그 때에 내가 또 내 영을 남종과 여종에게 부어 줄 것이며

_요엘 2:28-29

이 말씀을 들어본 성도가 많을 것입니다. 요엘이라는 예언자가 무엇을 말했는지 우리는 다 기억하지 못해도 이 말씀은 기억하는 사람이 많습니다. 사도 바울을 통해 신약에서도 인용되었던 이 말씀은 〈요엘서〉에서 가장 유명한 말씀 중에 하나입니다.

그런데 이 말씀은 아주 특별한 의미를 지니고 있습니다. 오늘날은 성령께서 우리 가운데 찾아와서 각 사람 위에 임하셔서 우리와 함께 하십니다. 지금은 이것이 너무나 당연합니다.

그런데 요엘의 시대는 그렇지 않았습니다. 구약에 나오는 인물 가운데 하나님의 영이 임한 사람은 모세, 다윗, 히스기야, 엘리야, 엘리사 등 왕이나 예언자 같은 특별한 사람들뿐이었습니다. 구약에서는 하나님의 영이 모든 사람에게 임하는 것이 아니라 특별하게 하나님께서 정하신 사람에게만 가능한 일이었습니다.

이러한 시대에 하나님께서 요엘을 통해 정말 혁명적인 말씀을 주신 것입니다. 이 사건에 대해 어떤 신학자는 "하나님의 민주화"라고 이야기합니다. 모든 사람에게 내 영을 주겠다는 말씀은 민주화의 선포라고 볼 정도로 특별한 사건인 것입니다.

여호와의 날에는 특별한 사람들 뿐 아니라 젊은이, 노인, 어린이 등 사람을 가리지 않고 하나님의 영이 임하고, 하나님의 지평이 온 세상으로 확대될 것이라고 선포하고 있습니다.

요엘이라는 이름은 '우리 여호와'와 '하나님'이라는 말이 결합되어 "우리 여호와는 하나님이시다"라는 뜻이 됩니다. 세상에 참 신은 "오직 우리 여호와 한 분밖에 안 계신다"라는 것입니다.

하나님의 지평은 믿는 사람, 교회에만 있는 것이 아닙니다. 우리의 눈으로는 보이지 않지만, 마음으론 느낄 수 없지만, 온 세상에 미치고 있습니다. 모든 것이 다 하나님의 영역이고 하나님의 지평입니다. 그러니 우리는 하나님 앞에 머물러 있어야 합니다. 그것을 항상 기억하고 온 땅에서 행하시는 하나님 앞에 항상 우리의 마음을 두는 우리가 되기를 기도합니다.

○ 온 세상 구하려

예언서 중에 아주 재미있는 책이 〈요나서〉입니다. 〈요나서〉는 분량이 4장밖에 되지 않지만 그 이름이 우리에게 친근합니다. 이유는 〈요나서〉가 재미있는 이야기를 담고 있기 때문입니다. 본래 예언서는 하나님께서 선포한 말씀을 기록한 책입니다. 다른 예언서는 대부분 하나님께서 하신 말씀을 받아 적고 있지만 요나서는 예언자 요나에게 일어난 일을 이야기 형식으로 읽을 수 있도록 전합니다. 또 처음부터 끝까지 정교한 문체로, 통일성 있게 기록되어 있어 누구나 쉽게 읽을 수 있습니다.

앞의 예언서를 보면 하나님께서 원하시는 뜻이나 이루실 역사를 예언자의 이름에 담고 있다는 것을 쉽게 알 수 있습니다. 그런데 요나는 비둘기라는 뜻을 갖고 있습니다. 그리고 〈요나서〉를 보면 배를 타고 가는 이야기, 폭풍을 만나 어려움을 겪은 이야기, 큰 물고기 뱃속에 들어갔던 이야기, 그리고 넝쿨로 해를 피하다가 말라서 없어지자 화를 내면서 뜨거운 가운데 죽는 것이 낫다고 하소연하는 모습을 볼 수 있습니다. 어떻게 보면 예언자의 품위에 맞지 않게 여겨질 만한 일들이 〈요나서〉에는 여러 번 등장하고 있습니다.

> 이스라엘의 하나님 여호와께서 그의 종 가드헤벨 아밋대의 아들 예언자 요나를 통하여 하신 말씀과 같이 여로보암이 이스라엘 영토를 회복하되 하맛 어귀에서부터 아라바 바다까지 하였으니_열왕기하 14:25

요나는 예언자 아밋대의 아들이고 북왕국의 여로보암 2세 때에 하나님의 말씀을 전했습니다. 그런데 요나는 이름만 특별한 것이 아니라 행한 일도 남달랐습니다. 왜냐하면 요나는 성경 가운데 유일하게 이스라엘 밖에 나가서 하나님의 백성이 아닌 다른 사람들에게 말씀을 전한 예언자였기 때문입니다.

우리가 왜 요나와 요엘을 같이 이야기하고 있는지 그 이유를 짐작하셨습니까? 요엘은 온 세상의 모든 백성이 하나님의 지평 가운데 있다고 말하는데, 요나는 바로 그것을 자신의 삶을 통해 나타냈던 유일한 예언자이기 때문입니다.

하나님을 알지 못하는 사람에게 가서 하나님의 말씀을 선포한 사람이 바로 요나였습니다. 요나는 니느웨라는 곳에서 하나님의 말씀을 전했습니다. 니느웨에 사는 사람은 이스라엘 그리고 유다 백성을 못살게 굴었던 적군이었습니다. 이스라엘과 유다가 아주 힘든 시간을 보낸 이유는 바로 앗수르가 누르고 있었기 때문입니다. 앗수르가 쳐들어와 고통을 주었기 때문에 하나님의 백성은 괴로움을 겪었습니다. 그런데 앗수르의 수도인 니느웨에 가서 하나님의 백성을 괴롭게 한 사람들에게 복음을 전하라고 하신 것입니다.

당신이 하나님께 이러한 명령을 받는다면 가고 싶을까요? 나를 괴롭히는 사람, 원흉 같은 사람에게 가서 하나님의 말씀을 전하라면 그 누구도 하기 싫을 것입니다.

하나님은 요나에게 니느웨로 가서 그들을 향한 심판의 말씀을 선포하라고 말하셨습니다. 그런데 요나는 하나님을 잘 알고 있었습니다. 겉으로는 심판을 말하는 것 같지만 그 진정한 의미는 경고의 말씀을 듣고 니느웨 백성들이 죄의 길을 돌이켜 돌아오도록 하기 위함임을 말입니다. 그래서 니느웨가 멸망하기를 바라던 요나는 하나님의 말씀을 어기고 니느웨의 정반대 방향인 다시스로 도망갔습니다.

다시스는 오늘날 스페인의 한 도시이고, 니느웨의 반대쪽에 있습니다. 그래서 반대쪽으로 도망가다가 큰 풍랑을 만나 바다에 던져졌는데 간신히 물고기 뱃속에 들어가 목숨을 부지합니다. 참 재미있는 것은 물고기 뱃속에 있는 요나를 물고기가 뱉어 냈던 곳이 니느웨였습니다. 니느웨는 바닷가에 있는 도시가 아닙니다. 그런데 물고기 뱃속에 있던 요나가 뱃속에서 나온 곳이 니느웨였습니다. 하나님의 놀라운 계획하심이 그 속에 있었다는 것을 우리는 부정할 수가 없습니다. 그곳에 가서 요나는 간단하게 설명합니다.

"40일이 지나면 니느웨가 무너질 것이다."

그런데 이 선포에 따라 놀라운 역사가 일어나고 니느웨 사람들이 회개합니다. 이것은 예언자 요나를 굉장히 당황하게 했습니다.

요나는 "40일이 지나면 니느웨가 무너지리라"라고 히브리어로 딱 다섯 단어만 선포하고 끝냈습니다. 아마도 "하나님이 어쩔 수 없이 나를 이끌어 오셨지만 나는 최소한의 일만 할 것이다"라고 생각했던 것 같습니다. 그런데 그것이 놀라운 역사를 일으킵니다.

왕부터 동물에 이르기까지 하나님 앞에 회개하고 돌이켜서 니느웨 성이 구원을 받습니다. 이때 니느웨 왕의 고백은 참으로 의미심장합니다.

> 사람이든지 짐승이든지 다 굵은 베 옷을 입을 것이요 힘써 하나님께 부르짖을 것이며 각기 악한 길과 손으로 행한 강포에서 떠날 것이라 하나님이 뜻을 돌이키시고 그 진노를 그치사 우리가 멸망하지 않게

하시리라 그렇지 않을 줄을 누가 알겠느냐 한지라_요나 3:8-9

니느웨 왕은 확신에 차서 온 나라에 회개를 선포한 것이 아닙니다. "그렇지 않을 줄을 누가 알겠느냐"라는 말은 용서해 주실지 아닐지 모른다는 의미입니다. 하지만 니느웨 왕은 용서에 대한 조금의 가능성이라도 있다면 그 희망을 붙잡고 기도하자고 말하고 있습니다. 이러한 고백이 요나가 아닌 이방 나라 왕의 입에서 나왔다는 것은 참으로 아이러니합니다.

선택된 백성인 요나는 하나님의 말씀에 불순종하여 다시스로 도망했는데, 하나님을 모르는 이방 나라의 왕과 백성은 예언자의 선포를 듣고 사람은 물론 가축까지 금식하며 죄를 회개했던 것입니다. 이 반응을 보고 요나는 화가 났습니다.

"하나님! 우리를 못살게 굴고 괴롭힌 이들을 왜 구원해 주십니까? 이들을 벌 내리셔야 맞는 것 아닙니까? 이들을 심판하시고 망하게 하셔야 하는 것 아닙니까?"

여호와께서 이르시되 네가 수고도 아니하였고 재배도 아니하였고 하룻밤에 났다가 하룻밤에 말라 버린 이 박넝쿨을 아꼈거든 하물며 이 큰 성읍 니느웨에는 좌우를 분변하지 못하는 자가 십이만여 명이요 가축도 많이 있나니 내가 어찌 아끼지 아니하겠느냐 하시니라_요나 4:10-11

우리는 하나님의 능력이 행해지는 모든 곳에서 어떠한 일이 일어나고 있는지 잘 모릅니다. 그저 하나님께서 내 원통함을 풀어 주시고, 내 원수를 심판해 주시는 것이야말로 하나님이 살아 계심을 나타내는 것이라 생각합니다. 그런데 하나님께서는 구원하는 일이나, 심판하는 일이나 그 모든 것이 사람을 잘못되게 하려는 것이 아닙니다. 오직 하나님의 마음은 온 세상 사람을 구원하고자 하신다는 것입니다. 우리는 이것을 기억해야 합니다.

요나는 그들을 구원하고 싶지 않았습니다. 그런데 요나가 가는 곳에 하나님의 역사가 일어났습니다. 하나님은 우리를 통해서 이 땅에 살아 계심을 나타내기 원하십니다. 그래서 우리가 가는 곳에도 그와 같은 일이 일어나야 합니다. 요나의 이름이 비둘기라고 했습니다. 그런데 이 요나라는 이름을 우리말로 하면 아주 재미있게 해석할 수 있습니다.

요나의 '요'자는 '바로'이고, '나'자는 "내가 하나님의 구원을 이룰 사람"이라는 것입니다. 바로 내가 이 땅에서 하나님의 구원을 이룰 사람이라는 것입니다. 우리가 하나님의 구원과 사랑을 이 땅에서 이루는 축복의 통로가 되기를 예수님의 이름으로 축복합니다.

Prophets

5부

새 출발

17

다시 시작합시다

새 출발을 외친 학개와 스가랴와 말라기

장영희 교수가 쓴《살아온 기적 살아갈 기적》이라는 책이 있습니다. 그 책의 첫 장 제목이 이렇습니다.

"다시 시작하기."

장영희 교수는 미국에 있는 뉴욕주립대학에서 약 6년 동안 공부하여 박사 학위 논문을 거의 마무리 짓는 시간이 되었다고 합니다. 심사만 남겨 놓고 완성된 글의 오타만 수정하면 되는 상황이었습니다. 기분을 새롭게 하고자 LA에 있는 언니 집에 가서 마지막 수정을 보고 다시 학교로 돌아와서 심사를 받으려고 그간에 모아 둔 자료를 다 정리했습니다. 그리고 이제까지 자기가 힘써 왔던 최종본 하나만 가방에 넣고 언니 집으로 갔습니다. 그런데 여행하는 중에 논문의 최종본이 있던 가방을 도둑맞은 것입니다. 6년 동안 각고의 노력을 기울여서 만든 최종 논문, 그것을 도둑맞고 나자 눈앞이 캄캄했습니다. 그리고 도둑맞았다는 것을 알게 된 순간 얼마나 충격이 컸는지 그 자리에서 그만 기절했습니다. 겨우 정신을 차려 집으로 다시 돌아와서는 말 그대로 식음을 전폐하고 자리에 누웠습니다. 5일 동안을 꼼짝도 하지 않고 아무것도 먹지 않고 누워만 있다가 정신을 차리고 일어나서 거울을 보았습니다. 거울 안에 있는 자신을 보자 머리는 헝클어지고 얼굴은 창백해져서 유령이라고 부를 정도였습니다. 그것을 보며 한참 생각하다가 장영희 교수는 거울 속에 있는 자신에게 이렇게 말했습니다.

"괜찮아, 다시 시작하면 되잖아. 다시 시작할 수 있어. 기껏해야 논문인데, 나는 아직 살아 있잖아."

마음을 고쳐먹고 다시 논물을 쓰기 시작해 정확히 일 년 만에 완성했습니다. 그리고 그 논문을 마무리 짓던 순간 당시의 마음을 장영희 교수는 이렇게 적어 놓았습니다.

그렇게 우여곡절 끝에 끝낸 내 논문은 이제 반짝거리는 젊은 학자들의 논문에 비하면 내놓을 만한 것이 못 될지 모르지만 맨 첫 페이지 만큼은 누가 뭐래도 자랑스럽다. 헌사에서 나는 "내게 생명을 주신 나의 사랑하는 부모님께 나의 논문을 바칩니다. 그리고 내 논문을 훔쳐가 내 삶에서 가장 소중한 교훈, 다시 시작하는 법을 가르쳐 준 도둑에게도 감사합니다"라고 썼다.

다시 시작한다고 할 때 우리는 그 안에서 장밋빛 그림을 보기가 어렵습니다. 물론 다시 시작하는 기대감과 설렘이 있을 수는 있지만 다시 시작한다는 말 자체가 지금까지 무언가 잘못된 것이 있었고, 실패했다는 것을 전제하기 때문입니다. 그렇기 때문에 다시 시작한다는 것은 말처럼 쉬운 일이 아닙니다. 다시 시작하기 위해서는 그간에 힘들고 어렵고 실패했던 기억을 다시 넘어서야 하기 때문입니다.

우리는 살면서 다시 시작하는 상황이 오지 않기를 바랍니다. 하지만 인간의 삶은 그렇지 않습니다. 때로 잘못되고, 넘어지고, 실패하는 순간이 찾아옵니다. 다시 시작하는 것은 모두에게 있을 수 있습니다. 이것은 신앙이 있고 없고의 문제도 아닙니다. 왜냐하면 신앙이 있는 사람도 이러한 일을 똑같이 경험하기 때문입니다.

이스라엘 백성들도 그러한 삶을 살았습니다. 큰 실패가 있었고 어려움도 겪었습니다. 나라가 멸망했고 백성들은 흩어졌고 가족들은 포로로 끌려갔습니다. 이제는 붙잡을 것이 하나도 남지 않았습니다. 이때 하나님께서 우리에게 주시는 말씀을 삶에 귀한 교훈으로 삼을 수 있기를 소망합니다.

이스라엘이 멸망하여 백성들은 포로로 끌려갔습니다. 이스라엘 백성을 포로를 끌고 간 나라는 바벨론이었습니다. 그런데 이 나라도 멸망했습니다. 하나님께서 바사라는 나라를 통해 바벨론을 멸망시켰습니다. 당시 바사 왕은 고레스였는데 그가 바벨론을 무너뜨린 뒤에 온 나라에 칙령을 반포합니다. 포로로 끌려왔던 사람은 자기 땅으로 돌아가도 좋다는 것이었습니다. 그리고 포로로 끌려올 때 압수된 것들도 같이 가지고 돌아가라는 것입니다.

바벨론은 이스라엘 백성을 포로로 끌고 가면서 이들에게 아주 중요한 것을 압수해 갔습니다. 그것은 성전의 기물이었습니다. 성전에서 하나님을 섬길 때 썼던 물품을 가지고 이스라엘로 돌아갈 길이 열렸습니다.

포로로 잡혀 갔던 백성들은 하나둘씩 다시 돌아왔습니다. 그리고 성전에 기물을 가지고 왔으니 하나님 섬길 집을 지어야겠다고 생각했습니다. 성전에 기초석을 놓았습니다. 그런데 기초석을 놓는 데까지였습니다. 더 이상 그들은 하나님의 성전을 짓지 못했습니다.

〈학개서〉를 보면 약 18년 동안 그들은 힘들고 어려운 상황 때문에 하나님의 성전을 짓지 못했다고 합니다. 약 70여 년 동안 그 땅을 떠나 있었기 때문에 다시 돌아가니 전에 농사짓던 땅과 기르던 양, 그 모든 것이 사라졌습니다. 그들은 참 빈궁하고 어려운 삶을 살았던 것입니다.

하나님의 전을 지으려면 재료가 필요한데 그것을 구할 방도가 없을 정도로 어려운 시간을 보냈습니다. 그러니 다시 시작하고 싶어도 상황이 만만치 않았던 것입니다.

그때 하나님께서는 그들 가운데 학개라는 예언자를 세우십니다. 학개를 통해 전하신 말씀은 단 한 가지였습니다.

> 너희는 산에 올라가서 나무를 가져다가 성전을 건축하라 그리하면 내가 그것으로 말미암아 기뻐하고 또 영광을 얻으리라 여호와가 말하였느니라_학개 1:8

다시 성전을 지으라고 하셨지만 이것은 쉽지 않은 일이었습니다. 지난 18년 동안 성전 건축이 중단되었던 것은 이들이 하기 싫어서가 아닙니다. 이들은 하려고 했지만 도저히 형편이 안 되어서 중단했던 것입니다. 그런데 그들에게 학개를 세우셔서 선포하십니다.

'학개'라는 이름의 뜻은 "명절"이라는 의미입니다. 명절이라는 단어가 이름이 되었기 때문에 우리는 학개의 이름을 명절에 속한 사람 또는 명절에 태어난 사람 또는 명절을 만드는 사람이라고 해석합니다.

지금 이스라엘 백성의 삶은 참 곤고합니다. 멸망당하고 난 뒤 고난이 계속해서 이어지고 있었습니다. 다시 시작하려 했지만 도저히 엄두가 나지 않습니다. 상황과 형편이 나아지지 않았습니다. 그때 하나님께서는 말씀하십니다.

> 곡식 종자가 아직도 창고에 있느냐 포도나무, 무화과나무, 석류나무, 감람나무에 열매가 맺지 못하였느니라 그러나 오늘부터는 내가 너희에게 복을 주리라_학개 2:19

우리는 성경에 나오는 예언자를 살피고 있습니다. 그 예언자는 하나님의 부르심을 받은 사람이었지만 인간의 관점에서 볼 때는 모두 실패한 사람들이었습니다.

하나님의 부름을 받은 예언자는 대부분 백성에게 심판의 메시지를 전했습니다. 그런데 어떻게 되었습니까? 백성들이 돌아왔습니까? 회개했습니까? 하나님께 용서받고 심판을 면제받았습니까? 모두 아니었습니다. 결국 멸망했습니다. 하나님의 부르심을 받은 예언자였지만 세상의 시각에서 보면 모두 사역에 실패한 사람이었습니다.

그런데 예언자 중에 유일하게 성공했다고 인정받는 사람이 한 명 있습니다. 그가 바로 학개입니다. 학개가 선포한 말씀은 "성전을 다시 건축하라"는 것이었습니다. 그리고 이 말씀을 들은 백성은 순종하여 다시 성전을 세운 것입니다. 학개는 세상 사람의 시각으로 볼 때도 성공한 예언자인 것입니다. 학개가 선포한 말씀은 바로 이것입니다.

“오늘부터 너희가 하나님의 복을 받을 것이다. 하나님은 너희를 여전히 사랑하고 살리기 원하신다. 너희는 다시 일어나 시작하라. 너희 삶이 황폐해졌어도 힘을 내라. 살리신 하나님이 여전히 너희를 기억하고 있으니 너희가 다시 일어서라.”

이때 당시 사람들은 이렇게 생각했습니다.

“우리는 환경이 어려워서 더 이상 성전을 지을 수 없어. 형편이 좋아지면 그때 다시 시작하자.”

그런데 학개는 다르게 생각했습니다. 귀환한 백성이 경제적인 어려움을 당했기 때문에 성전 재건을 못하는 것이 아니라, 성전 재건을 멈추었기 때문에 경제적 빈곤이 찾아왔다고 말입니다. 학개가 보기에 당장의 어려운 환경은 근본적인 문제가 아니었습니다. 오히려 하나님께서 백성을 귀환시킨 본래의 목적을 잃어버리고 자신의 삶에만 몰두하는 이스라엘 사람들의 빗나간 열정이야말로 모든 문제의 근원이었습니다.

학개라는 이름의 뜻이 명절인 것은 결코 우연이 아닙니다. 하나님의 성전을 다 짓고 나면 명절과 같이 기쁜 날이 올 것이라는 메시지가 내포되어 있었습니다.

특히 학개는 성전 재건을 독려하며 예루살렘 성전을 하나님의 도성인 ‘시온’과 동일시하는 ‘시온 신학’을 말씀의 기초에 깔고 있습니다. 하지만 학개의 ‘시온 신학’은 패역한 백성들이 가지고 있던 맹목적인 신앙이 아닙니다. ‘시온’이란 하나님께서 거하시며(1:8; 2:5), 새로운 시대를 가져오는 종말론적 소망을 담고 있는 곳(2:5-9)이라는 것이 희망의 근거였습니다.

우리가 하나님 앞에서 이처럼 주의 말씀을 듣는 자들이 되기를 바랍니다. 실패하고 고난 가운데 있어 다시 시작할 만한 힘을 내지 못할 때 학개의 선포를 기억하기 바랍니다.

"내가 너희를 여전히 사랑한다. 내가 여전히 너희를 살리기 원한다. 오늘부터는 내가 너희에게 복을 줄 것이다."

이것을 기억하고 넘어진 자리에서 다시 일어나는 우리가 되기 원합니다. 학개의 말처럼 다시 일어서는 자에게는 날마다의 축제와 같은 삶이 기다리고 있습니다. 우리의 삶을 고난에서 구원으로 바꾸어 가는 주의 백성이 되시기를 소망합니다.

○

목표를 세우라

학개와 거의 비슷한 때에 말씀을 전했던 예언자가 있습니다. 그는 스가랴입니다. 스가랴는 〈스가랴서〉 1장 1절, 7장 1절 말씀을 보면 학개보다 두 달 늦게 하나님의 말씀을 선포하기 시작했다는 것을 알 수 있습니다. 스가랴는 포로의 세월이 비록 우리에게 고난이었지만 그것은 하나님께서 계획하신 일이고, 예언자의 예언이 성취된 것이라고 말합니다.

스가랴 역시 학개와 마찬가지로 하나님의 구원이 백성에게 임할 것이라고 선포합니다. 하지만 스가랴가 선포한 하나님의 구원은 학개의 메시지보다 범위와 깊이가 훨씬 더 광대합니다. 〈스가랴서〉 1장부터 6장까지 보면 약 여덟 개의 환상이 나오는데 이를 통해 전하는 스가랴의 메시지는 "하나님께서는 무조건 너희를 구원해 주실 것이다"라는 것입니다.

스가랴가 하나님의 말씀을 받아 선포한 메시지의 특징은 크게 두 가지입니다. 첫 번째는 하나님의 구원은 무조건적이고 절대적이라는 점입니다. 두 번째는 이러한 무조건적인 구원을 위해 너희에게 메시아가 올 것이라는 것입니다.

> 시온의 딸아 크게 기뻐할지어다 예루살렘의 딸아 즐거이 부를지어다 보라 네 왕이 네게 임하시나니 그는 공의로우시며 구원을 베푸시며 겸손하여서 나귀를 타시나니 나귀의 작은 것 곧 나귀 새끼니라 내가 에브라임의 병거와 예루살렘의 말을 끊겠고 전쟁하는 활도 끊으리니 그가 이방 사람에게 화평을 전할 것이요 그의 통치는 바다에서 바다까지 이르고 유브라데 강에서 땅 끝까지 이르리라_스가랴 9:9-10

우리는 스가랴가 선포하는 분이 누구인지 잘 압니다. 나귀를 타신 분, 왕으로 오신 분은 바로 예수님이십니다. 아직 스가랴는 예수님이라고 말하지 않지만 그와 같이 세상을 구원할 메시아가 너희에게 올 것이라고 말합니다.

이것이 하나님의 계획 가운데 있고, 하나님께서 우리에게 이루실 청사진 가운데 있다는 것입니다. 하나님께서 이루실 구원의 역사가 우리 앞에 펼쳐질 것이고 그때 이루실 회복과 축복을 미리 보라고 우리에게 이야기합니다.

다시 시작할 때 꼭 필요한 것이 있다면 무엇일까요? 그것은 분명한 목표입니다. 다시 시작하는 건 그냥 일어나서 힘을 낸다고 되는 것이 아닙니다. 무엇을 향해 다시 시작할 것인지 목표가 있어야 가능합니다. 스가랴 예언자에게 하나님께서 주시는 말씀도 바로 그것입니다.

"내가 너희에게 놀라운 일을 이룰 것이고, 메시아를 보내 줄 것이고, 그 메시아를 통하여서 놀라운 역사를 이룰 것인데 너희가 그 그림을 보는 자가 되어라. 너희가 그 청사진을 조목조목 바라볼 수 있는 자가 되어라 그와 같은 목표를 세울 수 있는 자가 되어라."

스가랴의 환상은 다른 예언자가 본 것과는 조금 다릅니다. 그것은 예언자인 스가랴도 그 의미를 알 수 없는 환상이었습니다. 일반적으로 다른 예언자는 하나님께서 환상을 보여 주셨을 때 그 의미가 무엇인지 즉시 깨달았습니다. 하지만 스가랴는 하나님께서 보여 주신 환상이 무슨 뜻인지 알 수가 없었습니다. 그래서 하나님은 스가랴에게 "말하는 천사, 즉 해석해 주는 천사"를 보내어(스가랴 1:9) 환상의 의미를 알려 주셨습니다.

이 환상의 특징은 스가랴의 메시지와도 일맥상통합니다. 스가랴가 선포한 하나님의 구원은 아무런 조건 없이 주어지는 것이었습니다. 백성들이 지켜야 할 언약이나 율법의 조항이 없었습니다. 백성의 순종 여부에 따라 하나님께서 그 결정을 바꾸시는 것도 아니었습니다. 스가랴가 선포한 하나님의 구원은 무조건적이고 절대적인 것이었습니다. 스가랴 이전에 어떤 예언자도 이처럼 대범하게 하나님의 구원을 선포하지 않았습니다. 스가랴가 선포한 하나님의 구원은 그가 본 환상만큼이나 독특한 것이었습니다.

스가랴는 학개와 같은 시절에 하나님의 말씀을 선포했습니다. 아직 성전이 완성되지 못했을 때입니다. 성전을 완성하기 위해 사람들이 힘쓸 때입니다. 그때 말합니다.

"다시 시작해서 한 걸음, 두 걸음, 세 걸음 너희가 나아가고 있는데, 너희는 하나님께서 이루실 절대적 구원과 메시아 그리고 역사의 그림을 바라보는 자가 되어라. 그 목표를 세우는 자가 되어라."

우리가 다시 시작할 때 이것을 항상 기억하시기 바랍니다. 하나님께서 우리에게 주실 놀라운 구원과 회복 그리고 축복의 사진을 바라볼 수 있기를 소망합니다. 우리가 그것을 인생의 목표로 삼을 수 있기를 기도합니다. 그 목표를 볼 때에 우리가 힘을 낼 수 있습니다.

우리를 살리시는 하나님, 우리를 여전히 사랑하시는 하나님, 그분이 우리에게 다시 일어서라고 했다면, 다시 일어서서 나아갈 수 있는 힘은 바로 거기에서 나옵니다. 하나님이 우리에게 주시는 그 놀라운 축복의 사진을 목표로 삼고 힘을 내야 합니다.

스가랴라는 이름의 뜻은 여호와께서 기억하신다는 것입니다.

"여호와께서 결코 잊지 않고 기억하신다."

너희를 구원하기로 한 약속, 너희에게 메시아를 보내시기로 한 약속, 너희에게 놀라운 축복의 길을 열어 주신다고 한 약속, 여호와께서는 그것을 기억하시고 너희도 기억하신다고 말합니다. 그 약속을 목표로 붙잡고 끝까지 걸어가는 우리가 되기를 기도합니다.

○ 끝까지 신실하라

학개, 스가랴와 함께 우리는 한 명의 예언자를 더 눈여겨봅니다. 그는 바로 말라기입니다. 〈말라기서〉는 구약 성경의 가장 끝에 있는 책입니다. 그리고 말라기는 학개와 스가랴보다 훨씬 늦게 부름을 받았습니다.

말라기가 사역하던 때는 이미 성전이 완성된 다음입니다. 학개와 스가랴가 선포한 대로 이스라엘 백성이 다시 힘을 내어 하나님의 성전을 완성했습니다. 그런데 그들의 삶은 변하지 않았습니다. 성전을 완성하면 하나님께서 나라를 회복시키고, 왕도 다시 세워 주실 것이라 생각했는데 아무것도 변한 것이 없어 보였습니다.

하나님께서 자신들에게 한 약속이 이루어지지 않았다고 생각하자 백성들은 배신감을 느꼈습니다. 다시 시작할 때 가졌던 마음과 목표를 잃어버리기 시작했습니다. 그때 하나님께서 세우신 예언자가 바로 말라기입니다. 말라기라는 이름의 뜻은 "나의 사자"입니다.

> 만군의 여호와가 이르노라 보라 내가 내 사자를 보내리니 그가 내 앞에서 길을 준비할 것이요 또 너희가 구하는 바 주가 갑자기 그의 성전에 임하시리니 곧 너희가 사모하는 바 언약의 사자가 임하실 것이라 _말라기 3:1

> 만군의 여호와가 이르노라 나는 내가 정한 날에 그들을 나의 특별한 소유로 삼을 것이요 또 사람이 자기를 섬기는 아들을 아낌 같이 내가 그들을 아끼리니 그 때에 너희가 돌아와서 의인과 악인을 분별하고 하나님을 섬기는 자와 섬기지 아니하는 자를 분별하리라
>
> _말라기 3: 17-18

다시 시작한 사람은 예전에 실패했던 기억을 갖고 있습니다. 그래서 계획했던 대로 일이 잘 되지 않으면 당황하고 불안해합니다.

"아! 내가 또 실패하면 어떡하지? 예전처럼 다시 어려운 상황에 빠지지 않을까?"

시작할 때 가졌던 목표와 용기는 급속히 잃어버리고 걱정과 근심으로 괴로울 때가 있습니다. 그런데 그때 하나님께서 말씀하십니다.

"그날에 내가 너희를 구원하고 너희 가운데 여전히 판단하리니 너희가 끝까지 신실해라."

〈말라기서〉에는 하나님의 구원하심에 대한 기대와 심판에 대한 선포가 함께 나옵니다. 하나님의 사랑에 대한 확고함을 고수하면서도 다른 한편으로는 백성의 완악함에 대한 하나님의 심판을 선포하기 때문입니다. 이는 이스라엘의 회복을 위해서는 끝까지 인내하며 믿음의 신실함을 지키는 것이 필요하다는 것을 나타냅니다.

> 내 이름을 경외하는 너희에게는 공의로운 해가 떠올라서 치료하는 광선을 비추리니 너희가 나가서 외양간에서 나온 송아지 같이 뛰리라_말라기 4:2

너희가 내 이름을 끝까지 경외하고 성실하게 다시 시작하면 공의로운 해가 떠올라서 너희를 회복시킬 것이라는 말씀을 전해 줍니다. 하나님 앞에 끝까지 신실한 자가 될 때, 다시 시작하는 역사를 이룰 수 있습니다.

특히 말라기의 선포는 개개인의 역할에 대해 강조합니다. 하나님께서는 공의로운 해를 통해 이스라엘 전체를 비추시고 공동체 전체를 정화하시지만, 이것을 믿고 그 신실함을 끝까지 의지하는 사람만이 결국은 하나님의 구원에 이를 것임을 말씀하고 있습니다.

> 그 때에 너희가 돌아와서 의인과 악인을 분별하고 하나님을 섬기는 자와 섬기지 아니하는 자를 분별하리라_말라기 3:18

그러므로 하나님의 약속이 더디 이루어진다고 조급해하지 말고 끝까지 신실함을 지키시는 우리가 되어야 합니다. 우리가 보기에는 더디 이루어지는 것 같아도 하나님께서는 정하신 때에 우리와 하신 약속을 반드시 지키십니다.

구약 성경의 마지막 책에서 우리에게 주시는 말씀대로 하나님 앞에 끝까지 신실한 분들이 되기를 소망합니다.

초월과 영원의 신앙

영원한 하나님의 나라를 선포한 다니엘

하나님을 품은 사람이 어떤 사람인지 말씀을 통해 살펴보는 마지막 시간으로 우리는 〈다니엘서〉를 살펴보고자 합니다. 〈다니엘서〉는 대예언서 가운데 가장 마지막에 있는 책입니다. 대예언서라고 하면 분량이 많은 네 권의 예언서를 이야기합니다. 거기에는 〈이사야〉와 〈예레미야〉, 〈에스겔〉과 〈다니엘〉이 있습니다. 그런데 우리 성경에는 〈다니엘서〉가 대예언서 가운데 포함되어 있지만 본래 구약 성경이 기록된 히브리어 성경에는 〈다니엘서〉가 예언서 가운데 포함되어 있지 않고 그 순서가 한참 늦습니다. 거의 마지막에 위치하고 있습니다. 그 이유는 우리가 가진 성경은 비슷한 장르끼리 한데 묶어 놓았지만, 히브리어 성경은 시대 순으로 나누었기 때문입니다.

〈다니엘서〉는 다른 예언서에 비해 비교적 늦게 하나님의 말씀으로 받아들여졌습니다. 그리하여 히브리어 성경에서 제일 뒷부분에 위치하고 있습니다. 구약 성경 뒷부분에 위치한 〈다니엘서〉는 신약 성경 끝에 위치한 〈요한계시록〉과 함께 믿는 사람에게 가장 어려운 책으로 꼽힙니다. 그렇다보니 〈다니엘서〉와 〈요한계시록〉은 논란이 가장 많은 말씀이기도 합니다.

하나님을 제대로 믿는 사람에게는 그렇지 않지만 믿음이 잘못된 방향으로 간 사람은 〈다니엘서〉와 〈요한계시록〉을 가장 중요하게 여기는 경향이 있습니다. 그들이 하는 말을 들어보면 말씀을 전혀 다르게 해석하는 경우가 많습니다. 그래서 〈다니엘서〉와 〈요한계시록〉 같은 경우는 하나님께서 말씀을 통해 우리에게 주시고자 하는 것이 무엇인지 아는 것이 정말 중요합니다. 그래야 잘못된 신앙에 빠지지 않고 우리가 진리를 지킬 수 있기 때문입니다.

지금까지 우리가 다룬 예언서는 모두 끝에 대해 이야기하는 말씀이었습니다. 예언자가 선포하는 것은 주로 미래에 다가올 심판과 돌이킴에 대한 권고였습니다.

물론 〈다니엘서〉의 내용도 그와 같습니다. 하지만 이야기하는 표현과 시각이 다른 예언서와는 사뭇 다릅니다. 다른 예언자는 말씀을 선포하는 대상이 하나님의 백성, 이스라엘 사람이었습니다. 그런데 〈다니엘서〉에서 이야기하는 하나님의 심판 그리고 다가올 하나님의 날은 하나님의 백성뿐만 아니라 온 세계를 그 대상으로 하고 있습니다.

전에 예언자가 끝을 이야기할 때는 이스라엘 백성의 끝을 의미했지만 〈다니엘서〉의 끝은 온 세상의 끝이자 온 세상 사람들의 심판을 의미합니다. 그래서 〈다니엘서〉를 묵시라고 부르기도 합니다. 묵시는 완전히 감추어진 것을 이제 보이게 만든다는 것입니다. 온 세상을 향하여 감추어져 있던 것을 〈다니엘서〉는 이야기하고 있으므로 어떤 학자는 묵시라고 구분합니다.

〈다니엘서〉의 주인공은 다니엘입니다. 다니엘 이름에서 '엘'은 하나님을 말합니다. 전에 이사야, 스바냐와 같은 이름을 살펴보면서 '야'라는 것이 여호와 하나님을 의미하는 것이라 했는데 '엘'도 하나님을 말합니다. 다니엘 이름에서 '다니'는 "나의 재판관이시다. 나를 판단하신다"라는 뜻을 가지고 있습니다. 그러니 다니엘의 이름은 "하나님은 나뿐만 아니라 온 세상을 판단하시는 분"이 됩니다.

하나님께서 재판관이시라는 다니엘의 고백과 〈다니엘서〉의 말씀을 통해 이 시대를 살아가는 우리에게 주시는 하나님의 말씀을 잘 듣고 심령 가운데 새길 수 있기를 바랍니다.

○ 그것을 초월하라

〈다니엘서〉는 크게 두 부분으로 나눌 수 있습니다. 1장부터 6장까지가 첫 번째 부분이고, 7장부터 12장까지가 두 번째 부분입니다.

1장부터 6장까지는 다니엘이 어떻게 살았는지 삶의 이야기를 담고 있습니다. 그러다 보니 6장까지는 우리가 쉽게 읽을 수 있습니다. 우리가 〈다니엘서〉에서 알고 있는 대부분의 말씀은 거의 다 1장부터 6장에 있습니다.

어느 날 왕이 꿈을 꾸었습니다. 그런데 그 꿈이 자기가 생각할 때 특별한 것 같았습니다. 뜻이 궁금해 온 땅에 있는 학자, 지혜자 그리고 꿈을 해석할 만한 사람을 불렀습니다. 그리고 말합니다.

"내가 꾼 꿈이 무언지 맞추어 보고 내가 꾼 꿈의 뜻을 이야기해 달라."

그러나 아무도 대답하지 못합니다. 그런데 다니엘이 해냅니다. 다니엘이 꿈을 해석하는 것은 〈다니엘서〉 2장에 나옵니다.

어느 날 왕이 자신의 신상에 절하라고 이야기했습니다. 그런데 다니엘의 세 친구는 왕의 말을 지키지 않았습니다. 사람들이 그것을 보고 괘씸하게 여겨 왕에게 고자질합니다.

"왕의 명령을 어기는 사람이 있습니다. 그들을 법대로 처리해야 합니다."

그래서 왕에게 절하지 않은 다니엘의 세 친구 사드락, 메삭, 아벳느고가 풀무불에 들어가게 되었습니다. 보통 때보다 일곱 배 뜨겁게 피운 풀무불 속에 들어가는 장면이 〈다니엘서〉 3장에 나옵니다.

다니엘은 시간이 되면 항상 하나님께 기도했습니다. 아침, 점심,

저녁 시간을 정해 놓고 기도했습니다. 그것을 못마땅하게 여기는 사람이 있었습니다. 왕에게 참소했습니다.

"왕 말고 다른 것을 섬기는 사람이 있습니다. 그들을 벌해야 됩니다."

왕은 다니엘을 굶주린 사자의 굴속에 집어넣습니다. 이게 〈다니엘서〉 6장에 나오는 말씀입니다.

우리가 가장 잘 아는 다니엘의 세 말씀은 꿈을 해석하는 다니엘과 풀무불 속에 들어가는 다니엘의 세 친구, 사자 굴속에 들어가는 다니엘의 이야기가 담긴 말씀입니다. 〈다니엘서〉 1장부터 6장까지 나오는 이 말씀이 전하는 것은 하나입니다.

"눈에 보이는 것이 전부가 아닙니다."

다니엘은 여호야긴 통치 3년에 바벨론으로 끌려왔습니다. 어렸을 때 뽑혀서 바벨론의 언어를 포함한 엘리트 교육을 받았습니다. 그 교육 가운데는 모든 것이 포함되어 있었습니다. 학문을 가르치는 것, 지혜를 가르치는 것, 그리고 건강하게 만들어 주는 법까지…….

엘리트 교육을 받는 사람에게는 왕이 진수성찬을 줍니다. 그런데 문제가 있었습니다. 그 산해진미 특별히 고기 종류는 거의 대부분 신 앞에 제물로 바쳐졌다가 시장으로 나온 것이었습니다. 당시에는 고기가 흔하지 않았기 때문에 먼저 신 앞에 바쳤다가 나누어 먹었습니다. 그러니 다니엘과 세 친구가 볼 때 그것은 우상 앞에 드려진 것이라 먹을 수가 없었습니다. 고기를 거부하는 다니엘과 세 친구에게 오늘날로 이야기하면 선생님이 걱정하며 말했습니다.

"다른 아이들은 고기를 먹고 얼굴에서 빛이 나고 살도 찌고 몸도 튼튼해서 모든 걸 잘할 것이다. 그런데 너희는 고기를 먹지 않으면 얼굴빛도 나쁘고 다른 애들에 비해 힘이 없어 모든 일에 처지게 될 것이다. 너희가 그렇게 되면 잘못 가르쳤다고 내가 벌 받는다."

하지만 다니엘과 세 친구는 "그러면 우리가 채소만 먹을 때 어떻게 되는지 한번 시험해 보소서!"라고 고집을 부립니다.

> 열흘 후에 그들의 얼굴이 더욱 아름답고 살이 더욱 윤택하여 왕의 음식을 먹는 다른 소년들보다 더 좋아 보인지라 그리하여 감독하는 자가 그들에게 지정된 음식과 마실 포도주를 제하고 채식을 주니라 하나님이 이 네 소년에게 학문을 주시고 모든 서적을 깨닫게 하시고 지혜를 주셨으니 다니엘은 또 모든 환상과 꿈을 깨달아 알더라
>
> _다니엘 1:15-17

안 먹으면 분명 안 좋아져야 합니다. 그런데 〈다니엘서〉는 시작부터 말합니다. 눈에 보이는 것을 안 먹었는데 더욱 얼굴이 윤택해지고 아름답고 빛났다고 말입니다. 거기서 한걸음 더 나아가서 학문이 생기고 모든 서적을 깨닫는 지혜가 생기고 환상과 꿈까지 깨닫게 되었습니다.

풀무불 사건도 마찬가지입니다. 풀무불에 들어가면 당연히 죽을

것이라고 생각하게 됩니다. 평상시보다 7배나 뜨겁게 피운 풀무불은 살아날 가능성이 전혀 없는 것입니다. 그런데 결과는 그들이 그곳에서 옷 하나도 타지 않고 멀쩡히 걸어 나왔다는 것입니다.

사자 굴도 마찬가지입니다. 굶주린 사자 굴속에 던져지면 사자에게 먹혀 숨통이 끊어져야 정상입니다. 그런데 다니엘은 털끝 하나 상하지 않고 나왔습니다. 이것이 〈다니엘서〉가 오늘 우리에게 주시는 말씀입니다.

우리가 이 땅을 살면서 눈에 보이는 것을 넘어서서 보이지 않게 역사하시는 하나님을 바라봐야 합니다.

> 왕이 갈대아인들에게 대답하여 이르되 내가 명령을 내렸나니 너희가 만일 꿈과 그 해석을 내게 알게 하지 아니하면 너희 몸을 쪼갤 것이며 너희의 집을 거름더미로 만들 것이요_다니엘 2:5

다니엘과 함께 있었던 궁중의 지혜자는 박사이자 술사였고 모든 것을 다 가진 사람이었습니다. 그런데 그들은 아무 쓸모가 없었습니다. 바벨론의 왕 벨사살은 강력한 권력을 갖고 있었지만 결국 그 권력도 메대 사람 다리오에게 넘어갔습니다. 다니엘은 그것 역시 하나님께서 행하신 일이라고 선포하고 있습니다.

우리가 이 땅을 살면서 눈에 보이는 것이 전부인 것처럼 느껴질 때가 있습니다. 그런데 다니엘은 우리에게 말합니다.

"그것을 초월하라."

그것을 넘어서라는 것입니다. 눈에 보이는 것을 넘어설 때 하나님의 역사를 경험할 수 있다는 것입니다.

하나님께서 모든 것을 통치하십니다. 우리의 눈에는 왕의 진수성찬과 일곱 배나 뜨거운 풀무불과 굶주린 사자만 보일지라도 그 안에서 눈에 보이지 않는 하나님이 일하고 계십니다.

"그리 아니 보일지라도 하나님께서 모든 것을 통치하신다."

이것을 깨닫고 우리 역시 하나님께 믿음의 고백을 올려드릴 수 있기를 소망합니다.

○ 영원히 빛나는 하나님 나라

앞서 말한 것처럼 〈다니엘서〉는 두 부분으로 나눌 수 있습니다. 그중에 두 번째 부분인 〈다니엘서〉 7장부터 12장까지는 앞부분과 사뭇 다릅니다. 앞에서는 읽기 쉽게 다니엘의 이야기가 있었다면 7장부터는 다니엘이 본 환상을 적고 있습니다. 그런데 그 환상이 좀 난해합니다.

아까 왕이 꿈을 꾸었다고 이야기했습니다. 우리가 흔히 개꿈이라고 부르는 꿈처럼 뒤죽박죽입니다. 환상이 처음부터 끝까지 일목요연하게 잘되어 있으면 "아! 이 환상이 이런 뜻이구나! 이렇게 이해될 수 있겠구나!"라고 받아들일 텐데 그렇지 않습니다. 환상이 어렵고 막 뒤섞입니다. 그래서 이해하기가 어렵고 읽다 보면 "이게 무슨 얘기야?"라는 생각이 듭니다. 그런데 특별히 환상의 첫 부분을 보면 한 존재가 등장합니다.

> 내가 또 밤 환상 중에 보니 인자 같은 이가 하늘 구름을 타고 와서 옛적부터 항상 계신 이에게 나아가 그 앞으로 인도되매_다니엘 7:13

> 그 때에 인자의 징조가 하늘에서 보이겠고 그 때에 땅의 모든 족속들이 통곡하며 그들이 인자가 구름을 타고 능력과 큰 영광으로 오는 것을 보리라_마태복음 24:30

이 두 개의 말씀을 비교해 보면 비슷하지 않습니까? 〈다니엘서〉의 후반부는 마지막 때에 대한 환상을 이야기하고 있습니다. 그리고 거기에 중요한 존재가 나오는데 그가 '인자'입니다. 다니엘 때에는 이 환상 중에 본 인자가 누군지 몰랐습니다. 그런데 〈마태복음〉을 보면 우리는 그 인자가 누구인지 잘 압니다. 바로 예수님이십니다.

〈마태복음〉에서 예수님은 〈다니엘서〉를 인용해 마지막 때의 징조가 하늘에서 보이겠고 구름을 타고 큰 능력과 영광으로 오는 것을 사람들이 다 보게 될 것이라고 말씀하셨습니다. 인자에 대해서 이야기하는 것은 분명 하나님의 나라가 존재한다는 것입니다. 〈다니엘서〉의 첫 부분이 우리가 살아가는 이 세상이라면, 그 뒤에는 하나님의 나라가 존재함을 보여 줍니다. 메시아가 이 땅에 오면 분명히 하나님의 나라가 임하게 될 것이고, 그때 세상 나라는 끝나게 될 것입니다. 〈다니엘서〉의 환상은 이 이야기를 하고 있는 것입니다.

"너희가 살고 있는 세상의 나라는 영원한 나라가 아니다. 언젠가는 끝나는 나라이다. 하지만 하나님의 나라는 영원한 나라다. 지금 너희가 보는 나라가 너희에게는 전부 같아 보이겠지만 곧 하나님의 나라가 분명하게 드러날 때가 올 것이다."

> 땅의 티끌 가운데에서 자는 자 중에서 많은 사람이 깨어나 영생을 받는 자도 있겠고 수치를 당하여서 영원히 부끄러움을 당할 자도 있을 것이며 지혜 있는 자는 궁창의 빛과 같이 빛날 것이요 많은 사람을 옳은 데로 돌아오게 한 자는 별과 같이 영원토록 빛나리라_다니엘 12:2-3

우리가 이 세상에 살면서 누리는 여러 가지 것은 영원할 수 없습니다. 우리도 그 사실을 알고 있습니다. 건강이 영원하지 못하고, 즐거움을 주는 것도 영원하지 못하고, 재물도 영원하지 못하고, 우리의 자랑거리도 결코 영원할 수 없다는 것을 말입니다.

그런데 〈다니엘서〉의 마지막에는 영원히 빛나는 것이 나옵니다. 하나님의 나라가 지금은 숨은 그림자처럼 가려져 있지만 그 나라가 확실히 나타나게 될 것이라고 말합니다. 그 하나님의 나라를 가슴에 품은 자 역시 영원토록 빛나게 될 것입니다.

그렇게 되기 위해 우리는 하나님의 나라를 품으라고 다니엘은 말하고 있습니다. 세상의 나라를 품지 말고 우리 삶의 목표와 초점을 오직 하나님의 나라에 맞추라고 말합니다.

〈다니엘서〉가 이야기하는 첫 번째가 "그리 아니 보일지라도 하나님께서 모든 것을 통치하십니다"였다면 〈다니엘서〉가 이야기하는 두 번째는 "비록 이 땅을 살아가고 있지만 영원한 하나님의 나라를 가슴에 품으라"는 것입니다.

우리가 초월과 영원의 신앙을 모두 가슴에 품을 수 있기를 소망합니다.

더 깊이 예언서를 읽기 위한

참고 도서

예언서 전체

기민석, 『예언자, 나에게 말을 걸다』, 서울 : 두란노, 2011.

차준희, 『예언서 바로 읽기』, 서울 : 성서유니온, 2013.

폰 라트, 『예언자들의 메시지』, 김광남 역, 서울 : 비전북, 2011.

H. G. L. 페일스 외 1명, 『시온 사자의 포효』, 심정훈 역, 서울 : 기독교문서선교회, 2015.

이사야서

김경래, 『내 백성을 위로하라』, 서울 : 대장간, 1998.

김서택, 『두려워 말라 함께 하리라』, 서울 : 생명의말씀사, 2003.

장세훈, 『한권으로 읽는 이사야서』, 서울 : 이레서원, 2004.

신우인, 『예수님의 지문이 찍힌 책 : 이사야서에서 찾은 자유롭고 의미 있는 삶의 길』, 서울 : 포이에마, 2013.

에드가 콘레드, 『이사야서 읽기』, 장세훈 역, 서울 : 기독교문서선교회, 2002.

유행열, 『이사야. 아, 감미로운 말씀』, 서울 : 한들, 2009.

예레미야서

김광남, 『한국교회, 예레미야에게 길을 묻다』, 서울 : 아바서원, 2007.

김근주, 『특강 예레미야』, 서울 : IVP, 2013.

김서택, 『깨어지지 않는 언약』, 서울 : 기독교문사, 2004.

박동현, 『주께서 나를 이기셨으니 - 설교를 위한 예레미야서 연구』, 서울 : 한국성서학연구소, 2000.

장성길, 『이스라엘의 구원과 회복의 드라마』, 서울 : 이레서원, 2007.

차준희, 『예레미야서 다시보기』, 서울 : 프리칭아카데미, 2013.

J. G. 맥컨빌, 『심판을 넘어서 회복의 약속으로』, 성기문 역, 서울 : 그리심, 2008.

에스겔서

이학재, 『에스겔 어떻게 읽을 것인가』, 서울 : 성서유니온, 2002.

크리스토퍼 라이트, 『에스겔 강해』, 정옥배 역, 서울 : IVP, 2004.

R. W. 클라인, 『에스겔-예언자와 그의 메시지』, 서울 : 성지, 1999.

다니엘서

김회권, 『다니엘서』, 서울 : 복있는사람, 2010.

노진준, 『노진준 목사의 다니엘서』, 서울 : 지혜의샘, 2015.

브라이언 채플, 『불의한 시대 순결한 정의』, 김진선 역, 서울 : 성서유니온, 2014.

소예언서

김광수, 『아모스의 눈물』, 서울 : 북랩, 2011.

김창대, 『한 권으로 꿰뚫는 소예언서』, 서울 : IVP, 2013.

김태훈, 『사자의 부르짖음』, 서울 : 한국성서학연구소, 2012.

박영선, 『박영선의 호세아 설교』, 서울 : 남포교회출판부, 2013.

유윤종, 『마음으로 읽는 소예언서』, 서울 : 킹덤북스, 2011.

차준희, 『열 두 예언자의 영성』, 서울 : 새물결플러스, 2014.

프랜신 리버스, 『아모스-위대한 2인자』, 김선형 역, 서울 : 홍성사, 2011.

하나님을 품은 사람

예언자